幻想の√5

なぜ私はオウム受刑者の身元引受人になったのか

中谷友香
Nakatani Yuuka

KKベストセラーズ

幻想の$\sqrt{5}$

はじめに

なぜ富士山麓でオウムは鳴いたのか

「幻想の√5《るーとご》」とは、どういう意味なのだろう？
そう考えること自体が「答え」かもしれない。
なぜなら「√5」の意味は一つではないからだ。
考えた数だけ意味が生まれるので「無限」である。

今の私にとって「√5」は「自己愛」という意味を持つ。
また「割り切れない心」という意味でもある。
しかし時間の変化とともに変わる可能性もある。
一つ言えることは、正しい答えを探しても外側には見つからないということだ。

「幻想の√5」
かつて富士山麓に在ったオウム真理教の「サティアン」の跡地には、今は何もない。

オウム信者が見た夢は、いったい何だったのだろうか。

あの一連の事件を起こした信者たちは、どんな人間だったのか。

そして、二度とあのような事件は引き起こされないと言えるのだろうか。


死刑が執行された人や、無期懲役の判決を受け今も収監されている受刑者。

手紙のやり取りから始まった私と彼らとの交流は、拘置所や刑務所での面会へとつながり、気がつくと15年の歳月がたっていた。

私はその間、ずっとこのテーマを考えながら生きてきた。

そして、彼らと交流することで、初めてわかり得たことがあった。そして長年にわたり交流を重ねた今だからこそ、ようやく言葉にできることもある。

私がわかり得たなかで、これだけは確実であり、多くの人に知ってほしいことがある。

彼らは私と同じ人間であり、私もまた彼らと同じ人間であるということだ。

誰でも彼らと同じ信者になり、同じ犯罪を犯す可能性があるということだ。

これは誰にでも口にできる平凡な言葉だが、彼らと交流した私がこのことを認識するに至るまでの心境の変化を話したいと思う。

交わした手紙や面会での会話、ふと見せた表情や私への気遣いなど、彼らとの交流を通して、彼らが私たちと同じ人間であることを伝えられたらと思う。

あの恐ろしい地下鉄サリン事件が起きたのは、１９９５年3月20日午前8時頃。

東京都内の帝都高速度交通営団（現在の東京メトロ）丸ノ内線２本・日比谷線２本・千代田線1本の計5本の地下鉄車両内で、新興宗教オウム真理教（教祖・麻原彰晃こと松本智津夫）によって毒ガス「サリン」が散布され、乗客や駅員ら13人が死亡。負傷者は６０００人以上とされる。

朝から夜まで連日テレビからは洪水のように事件の様子が流れた。それはあまりにも衝撃的で、にわかには信じがたい事件であった。

坂本弁護士一家殺害事件や松本サリン事件など、オウム真理教がそれまでに起こした事件への強制捜査が迫っており、地下鉄サリン事件は、警察による教団への強制捜査をかく乱するために画策されたといわれている。


オウム真理教による一連の事件は、私を含めて日本中の多くの人が「マインドコントロールの怖さ」を考えさせられるきっかけになった悲惨な事件である。

信者の多くは、本来は「純粋で真面目な若者たち」だったといわれる。

信者の多くの平均年齢は事件当時27・5歳。彼らと私はほぼ同年代だ。

「いったいどんな宗教なんだろう……」

「どんな人たちが信者だったんだろう……」

そんな人並みの興味こそあれ、この頃の私は、まさか後に自分がこの事件の「実行犯」と呼ばれる人たちや、一連のオウム事件での死刑囚たちと出会い、直接交流することになるとは夢にも思わなかった。

複数の死刑囚や、無期懲役を求刑されていた中村昇君（現：受刑者）と私が出会ったのは、2004年1月。事件前に脱会していたあるオウム真理教元信者によってもたらされた奇妙な情報を介してのことだった。

その頃まだ小学校に上がる前だった私の娘は、気がつけばもう20歳になっている。オウム真理教にいたかつての若者たちが出家した頃の年齢だ。

彼らと出会ってからの15年、私はずっと、自分に何ができるだろうと考え続けてきた。事件前に彼らと知り合っていたら、もしかして事件を止めることができたかもしれない。教団とも事件とも関係ないのに、私は何をやっているんだろう。

はじめのうちは、どうにもできない虚しさから逃げ出したくなることもあった。

私が彼らと初めて出会った頃、林泰男は被害者の方々への謝罪文を書いては破りを繰り返し苦悩していた。

自分がその「謝罪の手紙」を書くサポートをすることになるとは、出会った当初は思いもしなかった。

そして、一連の事件で死刑を求刑されたなかで唯一、死刑ではなく無期懲役の判決を受けた中村昇受刑者の「身元引受人」にまでなるとは想像もしていなかった。

2006年9月。死刑を求刑されていた中村昇君への「無期懲役」判決が、後に死刑囚となる他の被告たちより一足先に確定した。

彼はその後、東京拘置所から西日本の地方都市にある刑務所へ移送された。

それからも私は、東京拘置所の死刑囚たちと、地方刑務所に移送された中村君と、東と西の2カ所にわたって交流を続けていたが、最高裁判決確定後、交流相手が制限されてしまう東京の死刑囚たちとは手紙での季節の挨拶程度になっていった。

その後、私は中村君に、〝そこに行けば確かにいる存在〟として安心感のようなものを感じ、交流を続けたが、その背後にはいつも、東京拘置所にいる死刑囚たちの存在があったのだった。

中谷友香

目次

第一部

死刑囚たちとの出会い

第一章
暴行事件とPTSD

「私」より大切なもの

彼らの話をする前に、まず私自身の話をさせてほしい。

彼らとの交流の始まりは偶然の産物だったが、私を彼らに近づかせ、交流を継続させたものは、いったい何か。

それを共有してもらうためには、私が大人になるまでに歩んできた、いや歩まされてきた道程を話し、彼らと私の共通項を知ってもらうことが早道だと思うからだ。

小学校の卒業文集に書いた私の将来の夢は「裁判官になること」だったと記憶している。

ニュースで知った裁判官という職業は「公平に両者の言い分を聞いて判断を下せる仕事」の

ように思われ、ずっと私の憧れだった。

三人兄姉の末っ子である私は、末っ子だという理由で物事を決めるときに意見を聞いてもらえることが少なかった。


私たち家族の家は通っていた小学校と同じ敷地内のような至近距離にあった。

学校の周囲は商店街で、私は商店街の端から端まで全ての店を覚えていた。

顔を見ればどこのお店の人かすぐにわかり、とても安心感のある生活環境だった。

小学生時代の私は学校の勉強も苦にならず、友人もたくさんいて、活発な性格だったように思う。


年の離れた兄が、あるとき各国の首都の名前を覚えようとしていた。

トランプの神経衰弱のようなゲーム感覚で覚えている姿が楽しそうで、私も覚えようとしたのだが、

「妹なのに生意気だ」

「まだ小さいから無理！」

と、兄も母も私を相手にしてくれなかった。

そんなことはないはず！　と思った私は、家族がまだ眠っている早朝にこっそり早起きして、

各国の首都の名前を暗記した。

年齢や性別を理由に最初から無理と決めつけられてしまうことが納得できない子供だった。

そんな勝ち気な私を見て、一緒に住んでいた祖母からは「男の子に生まれてきたらよかったのに」と言われた。

それは褒め言葉のつもりだったのかもしれないが、私は内心「女の子が頑張るのはなぜダメなの」と思っていた。


放課後、私が一番楽しみにしていたのは読書の時間だった。

家に帰ると真っ先に宿題を済ませ、図書室や学級文庫から大量に借りた本を何時間も読みふけった。

子供の頃から「なぜ？」と思うことが多く、大人たちを困らせてしまうこともたびたびあった。そんなときには本を読むと疑問がすっきり晴れるのだ。

本の中には「自由」があった。

本は周りの大人たちと違い、私が「誰であるか」を問うことなく、それまで知らなかった「未知なる世界」を見せてくれた。

引っ越しと親子対立

小学校の教師だった父親には校長になりたいという希望があった。その関係で私が小学校5年のときに遠く離れた田舎町へと家族で引っ越すことになった。

私は、一緒に住んでいた祖母や住み慣れた街の風景、通い慣れた学校と友達など、自分が生まれてからの全ての世界と離れることがとてもつらくて、何度も号泣した。

そして実際に、この引っ越しのときから私の人生は一変した。

引っ越した先の田舎町は「村社会」が色濃く残っている閉鎖的な雰囲気だった。

学校の様子も転校前とは全く異なっていた。

新しい小学校のクラスでは、取り巻きを連れた背の高いリーダー格の女子と先生との間に馴れ合いがあることにすぐに気づいた。

転校生にとっては馴染めない空気が漂っており、それまで活発だった私は次第に気後れすることが多くなっていった。

中学校に入学してからも、方言を使っている地元のクラスメイトたちとは言葉の違いから疎外感を感じてしまう場面が多くなっていった。

一方、新しい町に馴染もうとして私が家で方言を使うと、「そんな言葉を使うのはやめなさい。女の子がみっともない！」と母から厳しく叱責された。ここを引っ越し先に選んだのは両親だったのに、理解のない母の言葉と、悔しさと悲しさで私は涙が出そうになった。

価値観の対立

中学2年生の終わり頃だった。ある日、中学校に髪を金髪にしたA子がすぐ近くの町から引っ越してきた。

通っていた中学校の校則は「男子は丸刈り、女子は前髪を眉の上まで（おかっぱ）」と厳しかったが、彼女はかまわず髪を染めたままだった。

髪の色だけでなくけんかも強いということで、A子は早々に皆から一目置かれる存在になっていった。

厳しい校則とは裏腹に、学校の廊下には毎日タバコの吸い殻が大量に落ちていた。しかし教師たちは、学級崩壊を恐れていたのか見て見ぬふりをしていた。

生徒が吸ったタバコの吸い殻を、ホウキとちり取りを持った校長が掃除している姿を見かけると、なんだか私まで情けない気持ちになった。

父の都合で引っ越してきたにもかかわらず、肝心の父は引っ越してまもなく体調を崩し、長期の入院生活に入った。

また同じく教師だった母も仕事で忙しく、私が帰宅しても毎日留守でいなかった。

私は、引っ越すまで同居していた祖母や友人と一緒にいた日々をよく思い出していた。

「あなたの部屋には出窓を作ってあげた」

「将来あなたが嫁に行くときのために、結納ができる床の間のある和室も作った」

父や母からそう聞かされた出窓や床の間も、私にとってはありがたく思えるものではなかった。むしろ母親の押しつけがましさがとても嫌だった。

その頃から、母と私はけんかばかりするようになっていった。

かつて祖母と一緒に暮らしていた日々には「いってらっしゃい」「おかえり」という言葉と、安心して帰れる居場所があった。

中学に入ってから私は、学校から家に帰ると祖母に買ってもらった小さなステレオで音楽を聴きながら泣く日が増えていった。

そして放課後には、知らない土地での淋しさもあり友人の家に遊びに行くか、友人を自分の家に連れてくることが多くなっていった。

思い返すと当時の私は、家庭に自分の居場所がない孤独感に苛まされていたのだった。

正しいこととは

母は帰宅後、家に私の友人がいると機嫌が悪かった。友人のいる目の前で口論になることもあった。

口論はいつも母の小言から始まった。

「私のために洗濯物を片付けてあげようと思わなかったの?」

「こちらは朝から一日、学校で先生として働いてきているのに。出窓まで部屋に作ってあげてるのに……」

自分の期待を察知して動かない私を、いつも母はそう言って非難した。そして私が「お兄ちゃんも家に居た」と言い返すと、「おまえは女で年下だろう。俺は男だから」と理不尽な言葉が返ってくるのが常だった。

私は家族からすると従順でない妹であり、感謝知らずの娘であった。両親から期待される「学校の先生の娘」として私は失格だった。

学校の先生の娘である呪縛は学校でもついて回った。

金髪の女子生徒には馴れ合っていた教師たちだが、なぜか私には一言「親が学校の先生の子供なのに」と付けるのである。

「学校の先生の娘なのに」と言われても、性別も親の仕事も自分で選んだわけではない。

私は私である。周りから何を言われようと腑に落ちないことを受け入れることはできなかった。

私にとって理不尽だと思えることを絶対に正しいことのように口にする親や、兄や学校の教師が信用できなかった。

しかし、反論すれば「生意気」「口答えする」「かわいげがない」「女のくせに」と、さらなる理不尽な理由で叱られたり、殴られたりした。

わが家の食卓での会話は両親ともに、勤める学校と生徒の話題が中心だった。

「新しい学校には慣れたか？」「新しい友達はできたか？」というようなごく平凡な、子供の新しい学校生活や気持ちを聞いてくれる会話が出る気配はなかった。

私は親に反抗したかったわけではない。

むしろ逆に、親とは率直に話せる関係でいたかったのだ。

両親に対して、職業人である前に人間として血の通った「温かい親子関係」を求めていたのである。

昭和30年代初期、つまり両親が教師となった頃の「学校の先生」は、教室内では「絶対」に近い存在であったようだ。

娘に対しても絶対でありたい母と私の対立は日増しに激化した。

「せっかく産んだのに、こんなことなら産まなきゃよかった。あの子に遺産は1円も渡さない」

この頃に母の部屋で見つけた兄への遺言状にはそう書かれていた。

事件の始まり

家にいても息が詰まる。だから自分の居場所は学校の友人関係の中でつくりたかった。

私は母親の言葉を無視して、家に友人を呼ぶことをやめなかった。

ある日、仕事から帰宅した母親が、私の部屋に入ってくるやいなや、友人がいる前でジュースのグラスが載ったお盆をひっくり返して言った。

「ちょっと、あんたたち、いつまでやっているの！　もう帰って！」

突然の激しい行動とヒステリックに叫ぶ母の姿に、友人は驚いて本当に帰ってしまった。

またたくまに「あの家のお母さんは怖すぎる。遊びに行かないほうがいい」と噂が広まっていった。

「ちょっと！　あんなことをされたおかげで学校で居場所がなくなった。どうしてくれるのよ！　いくらなんでもひどい。普通に話していただけだったのに」

私は泣きながら母に抗議した。

「あんな子と友達にならなくていい。おやつなんか出さなくてもいい。うちは学校の先生なんだから」

母親は顔色ひとつ変えずにそう言った。

追い打ちをかけるように、父の口からもがっかりする言葉が出た。

「友達なんていらない。学校から帰ったら家の手伝いか勉強をしておけばいい」

それを聞いた私は「どうして子供の心を理解しようともしない人が学校で先生をしているんだろう」と悲しくなった。

その後の学校の人間関係を想像し、深く沈んだあのときの気持ちを私は今でも覚えている。

暴行事件

それからしばらくたったある日、事件は起きた。

学校から帰宅後に本屋へ出かけた、その帰り道だった。

私の横にいきなり白い車がぴたりと横付けになった。と思うやいなや、見知らぬ男たちが無理やり私を車の中に押し込んだ。遠くの空き地に連れていかれた私は、複数の男から暴行を受けた。あまりにも突然の暴力に、私は怖くて声も出せなかった。

自分の身に何が起きたのかわけがわからず、驚きとショックで痛みすら感じない。何発か背中などを蹴られているうちに意識が朦朧としていった。

そのときグループの一人から驚くべきことを聞かされた。

「A子から頼まれた」

男は同級生の金髪女子の名前を出したのである。

私は頭が真っ白になり、家へ戻るまでの記憶と翌日の記憶が飛んでいる。

幸い顔面は殴られずに済んでいた。そして、親には言えなかった。

しかし、この暴行事件のショックはあまりに深く、その後PTSD（心的外傷後ストレス障害）と診断される心の傷として残った。そしてその後ずっと私の人生観に大きな影を落とすことになったのだった。

事件の後、精神的ショックと身体中の痛みで私は1週間ほど寝込んだ。

そんななか、私以外の人間が家にいない時間を見計らって、暴行させた当の本人である金髪女子のA子が心配を装って私の様子を見に家まで来たのだ。

「△△ちゃんも中谷さんが学校を休んでいるから心配している。ちょっと家に上げてくれる?」そう言ってA子は家に上がり込んだ。

A子が名前を挙げた△△ちゃんとは背の高いクラスのリーダー的な女子のことで、私もこの町の小学校に転校してきたときから親密にしていた、つもりだった。

「友達だと思っていた彼女までグルだったのか」

放課後には何度も家に遊びに行ったし、遠足のお菓子や文房具を一緒に買いに行ったし、好きな男子の名前をお互い打ち明けたりもした。それなのに……。

私は悲しみのあまり、全身から血の気が引いてしまった。

この町で私が最も信用していた友人の裏切りは直接受けた暴力以上にショックだった。なぜこんなひどい目に遭わなければいけないのだろうと恨めしく思った。

それ以降、私は「友達」という言葉を信用できなくなった。


「うちのお父さんは、刑務所に入っていてね……」

A子は、自分の父親のことをそう自慢気に話し始めた。返事をしながら私は怒りで全身が震えていた。

A子の父親は暴力団関係者とのことだった。そうやってA子は言外に、事件のことを親や警察に話さないよう牽制するために私の家に上がり込んだのだ。

A子は中学校の中でも特別な存在だった。彼女が金髪のままでも教師は容認していた。暴力を自慢するA子をチヤホヤする同級生も多かった。

そんなA子は私の「怖すぎる」母親の噂を耳にして、周囲に自分の「強さ」を見せつけようと暴行事件を企てたのだ。

A子が帰った後、殴られた身体の痛みがぶり返してきた。

そして、今後の学校生活のことを考えると気持ちがドン底になった。いくら考えても、どうしていいかわからなくなってしまった。

居場所のない町

私が再度学校に行きだした頃には、暴行事件のことはA子たちのグループ全体に知られていた。

私が学校から帰宅すると、自転車に乗ったA子たちのグループが私の家の前に小さなビラをまき散らした。

「よそ者は出ていけ！」

女子たちは大声で奇声をあげながら走り去った。

残されたビラを拾って読むと、そこには同じく「よそ者は出ていけ！」と書かれていた。

私だって好きで住んでるわけじゃない！

こっちだって出ていけるものなら今すぐ出ていきたい。そう思うと私は悔しくて両手の拳を痛くなるほど握りしめた。


何もかもが嫌になった私は、学校にほとんど行かなくなった。そして勉強する気力も失っていった。

閉鎖的な価値観の田舎町。暴力自慢の同級生。そんな生徒に媚びる教師。

家に帰っても、一方的で理不尽な親と兄には甘えることができなかった。

この町に私の居場所は本当になくなってしまった。

生まれてこなければよかった。どこか遠くに消えてしまいたい！　そう思って何度も家出をした。

といっても私には行き場がなく、最終電車になるまで電車に乗り続けた。

駅員さんに見つからないようにプラットホームの隅っこにうずくまり、白い息を吐きながら朝を待つこともあった。

「これで温かい食事でも食べて、家に帰りなさい」

あるとき、私を見つけたタクシー運転手のおじさんが心配して私に声をかけ、お金を渡してくれた。

おじさんはすぐに行ってしまったが、寒い冬空の下で触れた心の温かさが、私の心にはいつまでも残っていた。

進学と宗教

家に戻ると、母親からは親不孝者扱いされた。しかし私自身は、友人の裏切りのショックとどこにも居場所がない孤独とで死にたい気持ちと、それでも生きたい気持ちの狭間でもがき、必死で生きていたのだ。

そんな生死の間の葛藤から、精神的に大荒れの時期が続いたが、私の状況とは関係なく、否応なしに高校受験が近づいていた。

私はとにかく、この場所から離れたかった。

「また暴行事件に巻き込まれたくない」

はやる気持ちのまま私が受験先に決めた高校は全寮制の宗教学校だった。その宗教には全く関心がなかったが、全寮制というところに惹かれたのだ。

私はなんとか高校に合格し、なんの感慨もないまま中学校を卒業した。

「ようやくここから離れられる」

しかし進学先の高校にも、新たな地獄が待っていた。

高校の寮は校舎と同じ敷地内に設置され、1年生から3年生まで交じった12人のグループで一つの勉強部屋と寝室を共にした。

1年生は洗濯機の使用を禁止され、洗濯板の使用を強制される。父親であっても男性との電話は禁止。このような理不尽な規則が定められており、規則違反があった場合は連帯責任を負わせる、まるで兵舎のような寮だった。

学校生活では友人もでき、中学校と比べるとはるかにましだったが、寮生活は地獄だった。寮には逃げ場がなかった。

少しでも規則に違反すると罰則が待っていた。

規則に違反した生徒は、白い長袖の「懲罰服」を着せられる。誰が規則に違反したか一目瞭然だった。

私も「特別奉仕」として、早朝に起床し掃除をさせられたことがあった。「ドライヤーの使用禁止」のようなささいな規則に違反した結果、夏の暑い日にたとえ汗だらけになっても、袖をめくることさえ許されなかった。

懲罰服を着て寮の廊下を歩くときは、針のむしろの心境だった。同級生の1年生からは「かわいそう……」と同情され、すでに寮生活に染まった3年生からは連帯責任をかぶる苛立ちから「違反者か⁉」と軽蔑のまなざしを受けた。

そんな環境だから当然脱走者も出たが、発見されるとさらに長期間の罰を受けることになるのだった。


私はこの監獄のような寮に、こちらからお金を払ってまで3年間も暮らす自信がなかった。私以外にも同じことを思った1年生は多かった。1年以上在籍すると他校に転学できなくなるから、私の学年では30人以上の生徒が1年次に自主退学した。

仲の良かった同級生に対して名残惜しい気持ちもあったが、私も退学を申し出た。

「ここを辞めると、その後の人生ろくなことがない」

寮の「エライ人」からは退学時にそう言われた。

単なる嫌みかもしれなかったが、宗教学校だけにその言葉は呪いのように薄気味悪く感じられ、退学した後も数年間、私の頭にこびりついた。

こうして渋々自宅に戻った私は、居場所のない地元から遠く離れた、通学に片道約2時間かかる私立高校に再入学した。

そうしてなんとか高校を卒業した後は、英語関係の専門学校に進学した。

チベット仏教との出合い

私が専門学校に入学したのは１９８７年。日本はバブル景気に突入していた。この頃の私は、かなり「生きた心地のする生活」が送れるようになっていた。父は相変わらず入退院を繰り返していたが、母は所有株が値上がりして機嫌が良かった。そして家庭内はさほど大きなトラブルもなく小康状態にあったのだ。

当時はまだ「女子大生ブーム」が続いていたこともあり、「専門学校生」であった私が街に出ると、大学生とは周囲の反応が違うことが多かった。

そして家でも相変わらず両親から嘆かれていた。

「校長先生の娘さんはどこの大学に入学したのかと同僚に聞かれるたびに恥ずかしい。学校長の娘が短大にも行っていないとは言えない」

「女の子だから、どこでもいいから短大ぐらい行ってほしかった」

父にとってはなにげない会話だったかもしれない。しかし両親からそんな言葉を聞くたびに、私はあの事件を思い出し、なにも知らない両親への怒りでいっぱいになった。

父が「校長先生」になるために家族で引っ越したせいで、私の払った代償は大きい。

「あんな事件がなければ、私だってこんなはずじゃなかった！」

中学時代のことを思い出すと、親の期待に添えなかった自分まで恨めしくなり、血が逆流するほどの悔しさが込み上げるのだった。

専門学校では、昼休みや放課後を共に過ごしたり、韓国人の友人に姪の家庭教師を頼まれるなど、外国人の友人たちとの交友関係が生まれた。

一緒に出かけるだけにとどまらず、気がつけば一緒にアルバイトもするようになった。

カナダ、アメリカ、フランス、イギリス、台湾、韓国、フィリピンなどさまざまな国籍の友人たちと話すうちに、「自分は今までなんと狭い世界での価値観に縛られて生きてきたんだろう」と思った。私が「理不尽だ」と感じ苦しんできたことは、国際的には「正しいこと」でもなんでもなく、むしろ日本の悪しき伝統の名残であることが、はっきりとわかった。

日本で空気のように共有されている「差別」、なかでも私は「女性差別」をずっと受けてきたのだと、ようやく理解できたのだ。日本で「男女雇用機会均等法」が施行されたのは、私が専門学校に入学する前年の１９８６年4月のことだった。

私は専門学校時代に出会った友人たちに感化され、卒業したら海外に留学して、日本以外の価値観を学びたいと思うようになっていた。

そんなある日、留学について調べようと入った書店で、ふと一冊の本が目に留まった。

その本のタイトルは『愛と非暴力』ダライ・ラマ14世著。帯には「ノーベル平和賞受賞！」とあった。

私はその本に強く引き寄せられた。愛そして非暴力は、まさに私が心の底から求め続けていたものだったのだ。

私は早速その本を購入しようと手に取り、すでに選んでいた英会話の本の上に重ねた。

書店の中をさらにウロウロしていると、もう一冊、平積みになっていた本が目に留まった。

その本のタイトルは『超能力「秘密の開発法」』麻原彰晃著。

黒いパンツをはいて上半身裸の、プロレスラーのような男性が、座ったまま空中にジャンプしている表紙の写真が目を引いたのだ。

しかし私は、その本を手に取って中身をパラパラめくっては見たものの関心が湧かず、それが「空中浮揚」をウリにした本だと気づかぬまま、元の場所へと戻した。

振り返ってみると、私にとってこれが「オウム真理教」と出合った最初の体験だった。

当時の私は、大学に進学できなかったことを親から指摘されるまでもなく、敗北感と挫折感でいっぱいだった。

しかし、そんななかで私は、英会話や異文化を学ぶことにより社会の中で生きるための活路を見いだそうとしていた。

家に帰り、英語の勉強にとりかかる前に、その日買ってきたばかりの『愛と非暴力』を読み始めた。

初めて出合ったチベット仏教の考え方は、私にとって目から鱗だった。

チベット仏教における「因果」の考え方や、外側にある物質的な世界に価値を求めるのではなく、「心の平安」に価値を見いだすその普遍的な教えに私は深い感銘を受けた。

この読書体験以降、私はチベット関係の本やスピリチュアル関係の本を次々と読みあさり、人生観が変わっていった。

感性を育む大切な10代の時期、中学・高校での私には「生きている実感」がなかった。

そんな私にとって人生を深く生きるための考え方を学ぶ第一歩となり、そして自らと向き合い心身を整える「瞑想」の存在を知るきっかけになったのが、『愛と非暴力』だった。

私はこの本を、戦禍をくぐり抜けてやっと出合えた、「本当の親からのメッセージ」のようにも感じたのだった。

第二章 オウム死刑囚との奇妙な出会い

結婚と出産

地下鉄サリン事件が起きた頃、弁護士になりたかった私は勤めていた会社を退職し、あらためて大学に進学するために受験勉強をしていた。

地下鉄サリン事件の2カ月前、1995年1月17日に起こった阪神・淡路大震災は6400人以上の死者と4万3000人以上の負傷者を出し、何十万もの家屋を全半壊させた。特に甚大な被害を負った地域の真っただ中にある神戸大学に、私は翌年の春に入学した。

私が入学した当時の神戸大学周辺は、崩れ落ちたままのJRの駅や家屋など、多くの建物が倒壊したままで、街の至るところに震災の爪痕が残されていた。

大学に入学してから数ヵ月が過ぎた頃に私は結婚の話が決まり、そのまま在学中に結婚し、子供を出産した。

その頃の私は、家事と育児に加えて学生生活、さらに家庭教師のアルバイトと大忙しの毎日だった。しかし私は育児を苦労に感じることなく、双子でもよかったのにと思ったほど子供がかわいくて子育てが楽しかった。

両親はすでに学校を退職しており、二人とも孫が生まれたことを大喜びしていた。元来は寡黙で笑顔も少なかったはずの父が、孫の前では相好《そうごう》を崩していた。ようやく大学に進学した私だったが、父の笑顔を見ていると、かつて「校長の娘は短大ぐらい行ってほしかった」と言った頃より、ずっと幸せそうだった。

大学の授業は想像以上に有意義で、特に社会学の講義などには、単位取得後も引き続き参加させてもらったほどだった。

娘との渡米

大学を卒業してから、私は司法試験に向けて本格的に勉強を始めた。

そのさなかの2002年11月に、事は起こった。

勉強を進めるなかで「教唆」に関する刑法第61条の1項、

「人を教唆して犯罪を実行させた者には、正犯の刑を科する」の条文を読んだとき突然、中学時代に受けた暴行事件の光景が目の前にフラッシュバックしたのだ。

あの事件は私にとって、ちょうど「少女」から「女性」へと変わる時期に起こったが、それは母親から「女性性の目覚め」を否定されていた時期でもあった。

中学生にもなって男性アイドルに関心を持つことすら「ふしだら」だと叱られる家だったので、事件のことは、とても親には打ち明けられなかった。

そうして事件当時からずっと抑えつけていた「傷ついた女性の心」が、まるで噴出するマグマのように堰を切って流れ出てきたのだ。

猛烈な怒りの感情が私を襲い、過去と今の時間感覚がわからなくなった。過呼吸に陥り、乗り物に乗ることすらできなくなってしまった。

病院に行くと「PTSD（心的外傷後ストレス障害）によるパニック発作」と診断された。

PTSDは、強烈なショック体験や精神的ストレスが心にダメージとして残り、時間がたってからも、その経験に対して強い恐怖を感じてしまうらしい。震災などの自然災害、事故、暴力や犯罪被害などが原因になることが多いという。

私の場合、刑法の文言が引き金になってA子を想起してしまい、過去のトラウマが呼び起こされたようだった。

また、私は以前から「失感情症」（アレキシサイミア）からくる心身症とも診断されていた。失感情症になると、感情と身体感覚の区別がつきにくくなり、自分自身の感情（情動）に気づいたり、その感情を言語化することが困難になる。

私はとりわけ不快な感情に対する自覚が鈍く、言語化が苦手だった。また、怒りや哀しみを感じると、自分の感情を認識する前に心臓のあたりが痛くなることがままあった。

医師の指摘を受けて、私は初めてその身体的な痛みが「怒り」や「哀しみ」のサインであることを自覚できたのだった。

私は自分の症状を、ちょうどその頃読んでいた『モンスター』（浦沢直樹）という漫画の登場人物グリマーに似ていると思った。

グリマーは、謎に包まれた旧東ドイツの孤児院で非人道的な教育を追求している人物だ。彼自身もその孤児院の出身で、14歳以前の記憶がほとんどない。

彼は感情を自然に表現することができないため、日常では自分の感情からではなく、状況に応じて取るべき表情を使い分けている。

一見、穏やかで人が良く、騙されやすそうな人物だが、窮地に陥ったり激しい怒りに駆られると抑えつけていた凶暴性が解き放たれる。

中学時代の私は、怒りや哀しみの表情をA子らに見せると傷を悟られ、再び暴力を振るわれるかもしれないという不安から、自分の感情を極限まで押し殺していた。何もなかった顔をして過ごすことが、私にとっては生き延びる手段だったのだ。

私は「童心に戻って遊び暮らすように」という医師のアドバイスに従い、思い切って勉強を一時中断することにした。

振り返ると、娘がまだ幼い間に弁護士になりたいという思いから、私の大学生活の4年間は育児と学業を両立させることに懸命だった。

「大学生活と育児なんて無理！」そんな声が耳に入ってきて、私は断固として4年間で卒業しようと決めた。昔から私は、人間の可能性に対して根拠なく「無理」と限界を先に言い切られると、納得できない性分だった。

司法試験の勉強を中止したことで、生活はそれまでと一変した。

四当五落と睡眠も3時間程度だったが、1日9時間、さらに昼寝までするようになった。娘と一緒に毎日遊び呆ける、夢のように幸せで楽しい日々だった。昼間はデパ地下やピクニックに出かけたり、ままごと遊びをして過ごした。また夕方になるとテレビの前で子供向けのアニメ番組を娘と二人で見ることを楽しみにしていた。

私はそれまでテレビをめったに見ることがなかったが、この頃の子供向け番組の歌は、おおかた覚えてしまうほど童心に戻ってテレビの時間を心待ちにしていた。

勉強を中断して2カ月ぐらいたったある夜、私は不思議な夢を見た。

その夢には英語のウェブサイトが出てきた。本を通して以前から一度会いたいと思っていた「高僧」と呼ばれるチベット人の先生に会うためのヒントがあった。

あれは予知夢だったのだろうか。

起きてから、夢で見たヒントのとおりパソコンで英語検索をしてみると、本当にウェブサイトが出てきたのだ。そのウェブサイトには確かにチベット人の先生にアクセスする方法が載っていた。

——ずっと先生に会う方法を探していたけれど、英語で調べればよかったのか！

驚いた私が、夫に「先生に会う方法が見つかった」こと、そして不思議な夢の話をしたところ、「体調が大丈夫なら会いに行ってきたら」と快く背中を押してくれた。

夫と私が結婚したのは宗教観も一致してのことだった。また、大学時代から司法試験受験を応援してくれる良き理解者でもあった。

それまでにも夫のヘソクリの隠し場所が夢に出てきたことがあったので、今回の不思議な夢についても驚いた様子はなかった。

夫の後押しを受けた私は気分転換がてら、娘を連れて久しぶりにアメリカに行くことにした。

乗り継ぎの際には不安もあったが、幼い娘の手を引いて無事にアメリカに住む先生の元に到着することができた。ようやく会えたチベット人の先生は「高僧」と呼ばれる人にもかかわらず、とても気さくに私の質問に答えてくれた。

また私が質問しているときに、娘がいきなり先生の膝の上に乗るなどの場面もあったが、先生は「権威」になどまるで関心がない様子で楽しそうに娘と接してくれた。

その後、私は娘を連れてニューヨークに行き「リトリート」とも呼ばれる「講話とチベットの修行会」に参加した。「修行」は昼休みを含めた朝から夕方まで終日開催され、娘がいても気軽に講話などに参加できる形式だった。

リトリートにはアメリカをはじめロシアや欧州、メキシコなど中南米と、世界各国から来た人々が参加していた。

また、堅苦しい宗教の場とは違って「自由で明るい和やかなパーティー」のような雰囲気が居心地よく楽しかった。

私は、いろいろな国から同じ目的を持って集まった人たちと話すことが楽しく、昼休みが終わってからもカフェテラスで一緒に時間を過ごしたこともあった。

このリトリートの場で知り合った人から、日本国内にあるチベット仏教関連のサークルを幾つか教えてもらった。

そのうちの一つで私はオウム真理教元信者のNさんと出会うことになったのだ。

元信者Nさんとの出会い

2003年の初秋。

私は日本に帰国してから、司法試験の勉強を再開していた。

その頃には、アメリカで教えてもらったチベット仏教関連のサークルにはたまに参加する程度になっていた。

ある日、私が久しぶりにサークルに行くと、仕切っていた人から、

「今後は新たにサークルに参加する資格として、元オウム信者のNさんという人から1万円の『有料事前審査カウンセリング』を受ける必要がある」

と話があった。オウム真理教の偽装脱会信者の流入を防止するためだという。

Nさんは「坂本弁護士一家殺害事件」の前にオウムを脱会しており、一連の事件には一切関わっていない人で、このサークルにいた男性が別の同好会で知り合ったとの話だった。

「偽装脱会信者の流入を防ぎたい」という目的自体は私にも納得できた。

しかし、新しく来た人の全員が、元オウム信者のNさんに「事前審査料」として1万円も支払うシステムには疑問を感じた。すでにサークルに参加していた私はお金を支払う立場ではなかったが、理不尽で不平等な話だと思った。

一連の事件が起きていなければ、新しい参加者はこれまで同様に無料でサークルに参加でき

たはずだ。

それなのに、なぜオウムと無関係の「一般の人」が金銭的に損をして、逆に「元オウムのNさん」が得をするのか。話が逆ではないか。


サークル内にもさまざまな声があった。

「脱会していても元オウム信者がいるだけで不安だ」

「オウムが来たら何をされるかわからない」

という不安の声から、

「オウムを少しでも庇うやつはオウムと見なす！」

という過激で暴力的な意見もあった。

しかし総じてNさんによる「事前審査」への賛成の声が多く、「審査料」の不公平は話題にならなかった。

ある日、私の家に当時サークルを仕切っていた男性から電話がかかってきた。

「僕は元○○という場所で長く修行をしていたんだ！　君はとにかく黙っていろ。有料審査に反対するな。僕のほうが君より宗教に詳しいんだから！」

内容は恫喝に近かった。私が何度も「言ってることとやっていることが真逆になっている」と指摘しても、男性には理解できないようだった。

こうして「元オウム信者の受け入れ」を口実にした、元信者Nさんによる有料事前審査が既成事実化していった。

そしてサークル内でNさんは「審査係」として着々と信頼を築いていった。

私自身も、カウンセラーだというNさんに中学時代のトラウマである暴力事件について有料で相談に乗ってもらうことがあった。

Nさんと林泰男

カウンセリングを受けて以降、私とNさんは話す機会が増えていった。

そしてNさんはある日、私に意外な話を持ち出してきた。

「林泰男と文通していて、相談なども受けているんですよね……」

「林泰男って、あの林泰男ですか？」

元オウム信者であるNさんの口から聞く「林泰男」という名前には迫力があった。

とはいえ「Nさんは坂本弁護士一家殺害事件より前に脱会した」とも聞いていた。地下鉄サリン事件より少なくとも5年以上前に脱会しているわけだ。

――とっくの昔に脱会したNさんの住所に収監された林泰男から手紙が届くものだろうか？

Nさんの話には違和感があったが、林泰男とNさんの関係がわからないので、そのときは相づちを打つ程度に話を聞いた。

それからというもの、たびたびNさんは林泰男の話を出してくるようになった。

そのときはまだ、私にとっては「林」と聞くと、1998年にいち早く無期懲役が決まった林郁夫が印象的だった。

林郁夫は慶應義塾大学医学部卒業後、医師として活躍していたという。そんなエリートがマインドコントロールによって事件に関与してしまった悲劇として、事件直後にはよくワイドショーで取り上げられていたのだ。


——林泰男といえば、長い間逃亡していた人だったな。

Nさんから林泰男の名前を何度も聞くうちに私は、彼の逃亡先が日本の最南端・八重山諸島の石垣島だったことなど、逮捕時に見たいくつかのニュースや、そのときの感想を思い出していた。

また裁判では、量刑理由の要旨を述べる木村烈裁判長の「人間性」に言及した異例の判決文が話題になった。

そのなかの「およそ師を誤るほど不幸なことはなく……」という言葉を知ったとき、

——そうか、オウム事件の犯人たちは師を誤った不幸な人たちなんだ……。

宗教で師を誤ることは、裁判官から見ても不幸に思えるほどのことなのだと知り、印象的だった。
そのときのことを思い出し、久しぶりに判決文の「考慮すべき事情」を読んでみた（以下、「ハフィントンポスト日本版」2018年7月26日より引用）。

（略）林被告は教団や松本被告に幾度となく疑問を感じることがあったにもかかわらず、その都度、松本被告の指示をあえて正当化して信奉を完全に断ち切れないまま数々の違法活動をし、ついには重大な犯罪に関与した。そのことは、まさに林被告が基本的な生活信条として大切にしてきたという「人間としての良心」を失った者の所業と言うほかない。

しかし、逮捕された後は良心を取り戻し、自己の行為が多数の死傷者を生じさせたことを全面的に認めた。公判では反省し、とりわけ地下鉄事件については、自らが散布したサリンによって死亡した被害者の名前を一人ひとり挙げながら謝罪の言葉を述べている。極刑が予想されていたのに審理の促進に積極的に協力したことも、被害者や遺族らに対するせめてものざんげと謝罪の念の表れと理解できる。公判に臨む態度は礼儀正しく、応答も真しで、林被告なりの反省・悔悟の情は十分酌むべきだ。被告は元来凶暴、凶悪な性格ではない。魚屋を営む友人が病み上がりの体で商売する姿を見かねて自分の仕事を犠牲にして手伝ったこともあり、善良な性格を見て取れる。松本被告や教団とのかかわりを捨象して林被告を一個の人間としてみるかぎり、資質や人間性それ自体を取り立てて非難することはできない。

およそ師を誤るほど不幸なことはなく、この意味において、林被告もまた、不幸かつ不運であったと言える（略）

オウム事件の裁判は「マインドコントロール」「（宗教における）グルと弟子」など、多くの人にとって初めて耳にする言葉が多かった。

実は私は学生時代、裁判を傍聴すると単位が取りやすくなったので、大阪地方裁判所と東京地方裁判所へ傍聴に行っている。

大阪地方裁判所へは少年犯罪の傍聴に行った。

そして東京地方裁判所へはオウム事件の裁判の傍聴に行ったのだ。

特に話題になった裁判は、抽選に当たらなければ傍聴できなかった。しかし私は当時、林泰男のものではなかったが、幸運にも地下鉄サリン事件の裁判を傍聴できた。

今も心に残っているのは被害者遺族の証言だ。

朝「いってきます」と言っていつものように出かけた家族と、変わり果てた姿で対面した遺族の方の証言は今なお深く胸に刻まれている。

その証言を聞いてから、私は「当たり前の日常こそ、実は奇跡の連続なのだ」と思うようになった。

2003年晩秋。Nさんと話すようになって数カ月。

「実は林が悩んでいるみたいなんですよ」

そう言ってNさんは、また林泰男の話題を持ち出してきた。

林泰男のことが気になり始めていた私は思い切ってNさんに、林泰男が何を悩んで相談してきたのか聞いてみた。

すると「被害者の方や遺族の方に向けて謝罪の手紙を書きたいが、その内容について悩んでいる」というような話であった。

あれだけの事件なのだから、悩んで当たり前だ。しかし、そもそもオウム事件に限らず、殺人を犯したなら謝って済むような話ではない。私はNさんに何と返事をしていいかわからなかった。

ちょうどその頃、私は加賀乙彦の『湿原』という小説を読み終えたばかりだった。

加賀乙彦は東京拘置所の元精神科医である。拘置所の勤務時に実際に担当した元死刑囚をモチーフに執筆した『宣告』は、今なお多くの人に読まれている。『湿原』もまた拘置所を舞台にした作品だった。

Nさんから「林泰男は東京拘置所にいる」と聞いていた私は、彼の大変な悩みを一人で聞いているNさんの応援がてら、読み終えたばかりの『湿原』を差し入れの代わりにとNさんに託すことにした。

私がNさんに読み終えた本を送った後も、Nさんは会うたびに林泰男の話を出してきたが、しかしまだ面会には行っていない様子だった。

年が明けて2004年の1月にもNさんから連絡が来たが、まだ面会に行っていないと言う。

さらにその後もNさんは「林泰男のことが気になっている」と愚痴るように何度も私に話しに来た。

私はNさんの行動に違和感を覚え始めていた。それは理屈ではなく、女の直感だった。

そしてなんとなく、Nさんから「次の行動」を期待されているような気がした。

そこで次にNさんから連絡が来たとき、私からも手紙でも書いておきましょうかと持ちかけてみた。

「ぜひ書いてやってください!」

私は「待ってました!」と言わんばかりの口ぶりに少し不信感を覚えた。

Nさんを訝《いぶか》しむ気持ちもあったが、半年近く幾度となく名前を聞かされ続けていた「林泰男」が気になって、結局手紙を書くことにした。

林泰男からのハガキ

こうして私は、2004年のお正月が明けてしばらくした頃、林泰男に最初の手紙を書いた。内容は、軽い自己紹介と「サークルでNさんと知り合ったこと、林泰男さんについて聞かされていることと簡単な質問、Nさんに託した本の説明」程度のものだった。

2004年1月27日。予想外に早く林さんからのハガキが届いた。

しかし私はそのハガキを見ても、今ひとつ現実感が湧かなかった。

ハガキに書かれた文字は几帳面な雰囲気で、繊細さすら感じた。

それより驚いたのは、ハガキの最後に「湯気が三本出た湯飲み茶碗」の絵が描かれていたことと、かわいいウサギの切手が貼られていたことだ。

林泰男からのかわいらしいハガキは、マスコミの「殺人マシン」という表現から受けていた印象とは大きなギャップがあった。

また封書でなく、他人に読まれかねないハガキで返事が来たことからも「意外に無防備な人だ」という印象を持った。

私は林泰男から返信が届いたことをNさんに報告した。すると、林泰男の話を持ち出してきた当の本人であるNさんからは「よかったですね！」という他人事のような返事が戻ってきた。

私はまたもや直感的に、Nさんの対応に不自然さを感じた。


詳細については第三章で紹介するが、林泰男とは文通を始めてから早いタイミングで実際に面会することになった。

その際に林泰男にNさんと文通を始めた時期を聞いてみたところ、2003年の秋頃だという。そしてNさんからの最初の手紙には、すでに私の名前が言及されていたというのだ。

それはちょうど、私がNさんの有料カウンセリングを受け、中学時代の暴行事件の相談をした直後だ。

私はNさんが林泰男宛てに書いた内容がどんなものだったのか、とても気になった。

だから、面会後に林泰男に宛てた手紙では、面会の感想に加えて、Nさんの釈然としない態度や違和感について伝えた。

林泰男は自分に来た「Nさんからの手紙」を私に送ってきてくれた。

それは驚くべき内容だった。

Nさんの情報収集と元信者ビジネス

オウム事件の死刑囚・受刑者と私がつながるきっかけになった「Nさん」とは何者だったのか。この章の後半では「Nさんから林泰男への手紙」を中心に紹介しながら、私が知ることになったNさんの実態を話したいと思う。

Nさんは坂本弁護士一家殺害事件の前にオウムを脱会したが、脱会後は「元オウムの仲間」という顔をして元信者に近づいては情報を集めていた。

元信者に近づいていた目的は、どうやら元信者の動向などの情報を得て週刊誌やスポーツ紙に匿名で売り込むためだったようだ。

一連のオウム事件以降、チベット仏教に関連するサークルなどは「オウム信者流入」の不安を抱えていた。

Nさんはそうした不安に便乗して「事前審査係」という立場になったわけだが、そうすれば審査料とともに元信者の情報も堂々と集めることができるわけだ。

さらに林泰男などの「オウム死刑囚」から情報を得るため、彼らの弱みにつけ込む形でアプローチしていた。

Nさんは最初から、私を林泰男に近づけさせる目的で策略的に事を進めていた。私をダシにして林泰男の様子を聞き出せば、自分は時間と交通費を節約できると考えていたようだ。だから私には何度も林泰男のことを話すわりに、自分自身はいっこうに面会に行かなかったのだ。

Nさんから林泰男への手紙

Nさんから林泰男に宛てた手紙には、２００３年10月から数回にわたって、私の名前や暴行事件の内容が誇張されて書かれていた。そうやって林泰男の気を引こうとしたのだろう。

Nさんから林泰男への手紙　２００３年11月29日

こんにちは林泰男さん。Nです。季節はすっかり秋の涼しさと彩りを運ぶようになってきましたが、林さんの心境はいかがですか?今回同封したかった本がありますが、まだ手元に届いてませんので、後日送らせていただきます。どういった本かと言うと、中谷友香さん（無断実名使用）という女性が、林さんにあげて欲しいと託してきたものです。彼女は、虐めや（一部省略）中学時代、同級生の示唆（原文ママ）によって集団暴行の被害にあった弁護士を目指す女性です。林さんの裁判の傍聴に幾度とな

く出かけオウム事件がなぜ起こったのか真剣に追求しています。そんな彼女が林さんの人間性を聞き及ぶうちに………（略）

こんな手紙をいきなり受け取った林泰男は、さぞや驚いたことだろう。

私は林泰男の裁判を傍聴したことは一度もなかった。

この手紙を読んで、私のあずかり知らぬところでNさんがオウム死刑囚に私の情報を誇張して書いている。セクハラまがいな部分もあり、驚きと同時に気持ち悪さを感じた。

手紙を書いている最中のNさんの心境を想像すると、屈折した「男の優越感と支配欲」のようなものを感じたからだ。

以下、Nさんから林泰男に宛てた手紙を抜粋して紹介しよう。

「およそ師を誤るほど不幸なことはなく、この意味において、被告人もまた、不幸かつ不運であったと言える」と裁判長が語ったことが掲載されていましたが、結論は、極刑でありながらも、林さんが犯罪性向がないことを認められたことは、嬉しい認識に感じました。私も林さんとあまり交流はありませんでしたが、林さんの人柄は、優しく知性的で忍耐力もある人物だと思っていましたから。

教祖に巻き込まれたのは、過去の悪因によるもので、実際には断れる状態でないことは、容易に想像が出来ます。私は、偶々教団が凶悪化する前に辞めれた事で事件に関与しませんでしたが、それは、偶々のことです。ですから偉そうなことを言えないし…（略）。

後に（Nさんが脱会してから）教団のT君を見つけ連絡をとったことが教団に知られ（どちらかが盗聴されていたのでしょう）私とT君にポア指令が出たのを、ウパ（中村昇君）が誤魔化し誤魔化し長期化することで、うやむやになり、偶々難を逃れたことを聞きました。

最も重要なのは〝見解〟です。悪業がなくても「見解を誤ると地獄に落ちる」という考えがあり、間違った見解からは……（略）

手紙にはNさん自身の仏教観が長々と綴られていた。また、巷にはさまざまなニュースがあるなかで、なぜか性犯罪のニュースが露骨に取り上げられていた。

世間では、訳がわからないニュースが増えています。

特にここ数週間世間を騒がせた「早稲田レイプ・サークル」なるものがあって、早大生を中心に大がかりなイベントを月に何回も行い、その度に参加している女性を5

人から10人でレイプするということを何年も行い、やられた方も泣き寝入りで表面化しなかったことが、1人の被害者の届けから何百人という被害者がいた事が発覚して憤りを感じました。手口や代表の意識がオウムの時とよく似ている事から、私ももっと何か出来るのでは、と感じて改めて林さんに筆を（?）とった次第です。

2004年1月16日

こんにちは、林さん。年が明け、また月日が刻まれていきますね。近いうちにお逢いしたいと思っているのですが、拘置所のルールがわからない、他の面会者の邪魔にならないか？預かっている本も郵送か持参かと思っていたら、中谷友香さんが手紙を書いてみたいとおっしゃっていたので、先に小説を送ろうと思います。

妹の○○が帰郷したのですが、その時に彼女と話した折にも、林さんの人物評では、あんな思いやりのあり優しい人はそういないと絶賛していました。

林さんは、このところ伝聞で聞くと被害者の方々に謝罪の文を書いては破り、書いては破りということを聞いています。自分を批判否定するのは、そろそろ良いんじゃないかな？慚愧の念をもち浄化を願うのはとても大切なことですが……。

静寂の境地を発見し……待っていてはダメなのです。求める事です。喜びと感謝の念が深まると共に、多くの迷いある人々に声をかけ、示唆を分けてあげたらいかがでしょうか?

この時期は、林泰男自身がいろいろと迷っている最中だった。

そのような立場では、Nさんが手紙で勧めたように「多くの迷いある人々に声をかけ、示唆を分けて」いるような状況ではなかっただろう。

2004年1月23日

林さん、Nです。すっかり遅くなってしまいましたが、中谷友香さんからのプレゼントである小説を贈らせていただきます。その後、どうですか「如何に自分らしく生きるか」という問いは限定された環境の中で、いかがでしょうか?(略)今ひとつルールがわかりません。

このように、Nさんから林泰男へ宛てられた全ての手紙の冒頭には、作為的に私の名前が書かれていた。なんとか林泰男と私を近づけようとしていたのだろう。

林泰男からNさんの手紙を送ってもらい、私がNさんの正体を知った後、林泰男のもとに「教団にいた当時のNさんのことをよく知っている」という別の死刑囚から手紙が届いた。そして林泰男は私に、その内容を書いた手紙を送ってくれた。

林泰男から筆者への手紙　2004年5月頃（※消印が不明の場合もあり）

別の死刑囚の人からの手紙の中にNさんの話が載っていたので抜粋します。

（以下引用・筆者）

あのN君は、私が言うのもなんですが、一般人以上に危ないヤツだね。

それは、出家の時からでしたよ。○○新聞の××記者とは、もう数年以上文通して3回ぐらい私が話したことが掲載されていますが、私は、一銭もお金など要求しません。

××記者は、本も出していますがN君の嘘を真に受けていたからトンデモ本になってしまっています。S61年、62年の頃にサンガで出家したと言いつつも毎日、実家に帰っていたのは、N君だけ。当時、教祖から聞いたN君の懺悔の内容は、かなり酷いものでした。麻原から聞いた懺悔の内容によると毎日、自慰行為をしていたという。

彼は、コンテナの独房修行中の途中、食事班の人を押しのけて脱走したので、修行もしていないのに、自ら「解脱した」と言って、オウム脱会者を集めて自らミニグル（ミニ教祖）みたいな事を演じているという。彼は、脱走後、再び出家した時、大阪と金沢で在家信徒とセックスしたこと、そして営業の女の子にセクハラしたので、車両班に落とされた。

カール・リンポチェ（チベット仏教カギュ派の僧）の下へ修行の名目で派遣されたのですが、何も学んでいなかった。

なぜならカール・リンポチェから麻原宛に新書が届いたこと。

そして平成元年1月22日に私たち一行が直接カール・リンポチェにあった時「あの弟子は、全く修行もしてないし言葉が話せない。やる気もない。もっと精神レベルの高い弟子をよこして欲しい」と言われてしまった。

N君は、女性問題もありましたよ。私も人に言えるような立場じゃないけど。

しかしどうして出家すると（性の）「破戒」をするのだろうか？

多分、麻原自身のエネルギーとストレスが原因じゃないかと思う。

N君の妹は、逆にしっかり者で周りから兄と比較されていましたよね。N君には、もっと真面目にやってほしい。（引用終）

以上が、共犯の人から聞いたNさんの姿。……う～ん、昔からそんな酷い人とはつゆ知らず、なんか嵌められてしまった気分ですネ。まぁ、当時の立場の違いがあるから私からは、そういうNさんの面が見えなくても当たり前だし、私よりも、もっとNさんの近くにいた昇（中村）でさえ、Nさんの件は、仕方のないことだよって言ってたから、Nさんの、そういう面を知ってる人は、殆どいなかったんだよね。

林泰男は「嵌められてしまった気分ですネ」と書いたが、実際、彼は完全に「嵌められていた」のだ。

林泰男から筆者への手紙　2004年5月頃

Nは、何のために修行している（……それとも「いた？」）のだろうか……不思議なヤツだなぁ。お金かなぁ〜。お金と言っても、そんな大金じゃぁないだろうし……それとも権力とか存在感なのかな〜。色々あるのかもネ。


林泰男は、私への手紙の中でNさんについてこう言及したが、その林泰男のネタはすでに、Nさんが無断でスポーツ紙などに売った後だった。

元信者などの小遣い稼ぎのために、記事を書くマスコミ自体が煽られているケースを知って、私はゲンナリした気持ちになった。

また、見てもらったように、この手紙で挙げられているNさんの「懺悔内容」や悪事の数々は、すべて性欲によるものだった。

オウムでは男女が同じ場所で修行していたようだが、とりわけNさんは、妄想と性欲が強かったのだろう。どうやら以前から女性に対するセクハラの常習者だったようだ。

後に別の人から聞いたところによると、Nさんは麻原から疎まれていたという。

教団では「出家」と称しながらも、麻原だけが妻や愛人を抱えていた。麻原は、Nさんが「自分と似たような人間」だから、疎ましかったのだろうか。

林泰男さんに宛てた手紙の中で、Nさんは麻原が使っていた「示唆」という言葉をたびたび使用していた。

私が知り合った頃のNさんの中では、麻原の権力に対する憧れと、嫌われたことによるコンプレックスが渦巻いていたのだろうか。

権力コンプレックスと性欲が強いNさんのような男性が、もし教団を脱会せずに「男性的な（性）生命エネルギー」をそのまま抑圧していると、屈折した性エネルギーが破壊的衝動へと変わり、私の知るNさん以上に性格が歪んでしまうのかもしれないと私は想像してしまった。

そして、自分の中でも心身のバランスをよく理解し、整えることとの大切さに気がついたのだ。

オウム死刑囚からの疑念

拘置所の死刑囚たちの間には「Nさんから連絡が来ても相手にしないように」という注意喚

起とともに、私の噂も広がっていた。

Nさんの素性がわかった頃、第四章に詳しく書くが、私は中村昇君とも文通を始めていた。

そして中村君や林泰男さんのもとには、他の死刑囚たちから心配の手紙が届いていたようだ。

「その人（筆者）もNさんの仲間じゃないの？」「詐欺集団の一味では？」

私はただNさんに利用されただけの立場で、もちろん濡れ衣だった。

林さんと中村君は「友香さんはそんな人ではない」と、私への誤解を解くためにあちこちに手紙を書いてくれていたようだ。


私の胸中を察した中村君からは、何度も同情と慰めの手紙が送られてきた。

中村昇から筆者への手紙　2004年5月頃

次々と、心を傷めるような酷い話が続いて、疲れてしまっているのではないかと心配しています。過去の事件までネタにされ……（涙）。どうぞ一日も早く癒やされることを心から祈ります。


Nさんのことで心を痛めていた私は、優しい中村君の手紙が本当にうれしかった。

中村君たちは事件の「加害者」側ではあるが、自分が信じてついて行った教祖への落胆と失望で気持ちはドン底になっていたはずだ。

また教祖だけでなく、公判の最中に平気で嘘をついて自分の罪を他人になすりつける共犯者にも失望していたようだ。

「信じること」で自分の人生がめちゃくちゃになってしまったにもかかわらず、なお私を信じて慰めの手紙を書いてくれる中村君に驚いた。中村君からの心の込もった慰めの手紙で、中学校時代に信じていた友人からの裏切りで深く傷つけられた私の心まで癒やされるようだった。

中村君と林さんのおかげで、その後「すみませんでした。疑っていました。私が、バカでした」と正直に手紙で謝り、私との文通を希望してきた死刑囚も出てきた。

また
「○○は口が軽いから、何でも話すのは気をつけたほうがいい」

「あれでも○○は以前より相当に丸くなった」

など、彼らの教団時代を知らない私に、まるで転校生を親切に案内するかのような手紙をもらうこともあった。

こうしたことから彼らと私の間には、オウムを脱会した後も世間で怪しい動きをする元信者などの存在を警戒するうちに、不思議な連帯感のようなものが生まれていった。

警察にも悪名高きNさん

その後、Nさんのあまりにひどいやり方について、私は警察に相談することにした。すると驚いたことに、Nさんはすでに警察でも知られた「悪名高い人物」だった。新聞や週刊誌に情報を売り、テレビ局に顔を隠して出演したNさんは、何十万円も稼いで味を占めたのだろう。なんと警察にまでガセネタを売り込もうとしていたようなのだ。

私は、謝罪をしてもらうためにNさんと直接会うことになった。そしてその席で、ずっと気になっていたことをNさんに尋ねた。

「なぜ私をダシに使ったのですか？」

「中谷さんはいい人だから、林が喜ぶと思って」

Nさんからの返事に、私は怒りを通り越して呆れてしまった。

また私は、林泰男をNさんがどのように思っているのかを直接聞きたかった。Nさんから林泰男への手紙には「自分の妹が実家に帰省した時に林の人柄を絶賛していた」とまで書かれていたのだ。

「なぜ林さんの情報を売ろうとしたのですか？」

「どうせ、林は出てきませんから」

「……」

その答えを聞いて私は絶句してしまった。

私は、Nさんの人となりを知ることで、中島敦の小説『山月記』の主人公・李徴を地で行くような人が実際にいるのだとびっくりした。

Nさんは、教団にいた頃に希望のワークに就くことができなかったそうだ。妹もオウムに出家していたようだが、不真面目な兄と真面目な妹は教団内でもよく比較されていたらしい。

逃げ出したとはいえ、早めにオウムから脱出できたNさんは、一般的に考えれば十分にラッキーなはずだ。

しかし、実力不足にもかかわらず人一倍欲望が強いNさんからすれば、それでも自尊心が傷ついたままだったのだろう。

絶対に自分を傷つけられない場所にいる死刑囚に対して優位に立つことで、Nさんは「尊大な羞恥心」と「臆病な自尊心」を満足させているようだった。

Nさんは教祖からのポア（殺害）指令が出たにもかかわらず、中村君に助け船を出してもらい難を逃れていた。人間としての弱さと同時に悪運の強さを併せ持つNさんは、今もどこかで

「ミニ教祖」としてサバイバルし続けているのかもしれない。

余談になるが、Nさんと出会うきっかけになったチベット仏教のサークルで「事前審査」を強行した男性は、後にサークルから逃げ出し、自分で考えた宗教名を使って「ミニ教祖」をしているようだ。

ともあれ、こうして地下鉄サリン事件の直後に抱いた「どんな人たちが事件を起こしたのだろう」という疑問に答えるように、思わぬ形で私は彼らの「素顔」に近づくことになるのだった。

第三章
律儀なヒューマニスト林泰男

死刑囚から初めてのハガキ

2004年1月下旬。私は、自分が弁護士志望で司法試験の勉強をしていることなどの簡単な自己紹介や質問を書いて、林泰男に初めての手紙を出した。まだNさんの素性が判明する前のことだ。

林泰男は1957年12月生まれ。定時制高校から大学に進学した。大学では人工知能を学び、卒業後は4年間、世界各地を旅したという。

私は、林泰男が南の島（石垣島）で逮捕されたことや、海外を放浪していたという週刊誌の記事を思い出して、手紙に「林さんは旅が好きなのですか？」と書いた。

数日後、私の質問に答えるかのようにタイ王国の寺院の絵葉書が届いた。

林泰男から筆者への手紙　２００４年１月23日頃

この絵葉書をタイで買ってから20年が経ちます。裁判で20年前に出したケシの花の絵葉書が問題となりましたが、この絵葉書は、そのケシの花＋メオ族の人の絵葉書と一緒に買ったものです。あの時、10枚の絵葉書を買いました。そして、これがその最後の1枚です。そして、この20年間に様々な事があり、今、私は、死刑になる身となりながら、このタイの絵葉書を日本の拘置所から送るのです。あの時は、母と2人でタイ・インドと、たった半月のみの旅行ですが、一緒に周りました。私が、どのような気持ちでこの絵葉書を買ったのかは、もう覚えていません。南国のまばゆい光の下で買いました。……いや、もしかしたら気だるく熱い夜のとばりの下で買ったのかも知れません。夢のような国の夢のような時は、もう二度と戻る事は、ありません。

これが、私が初めて「死刑囚」という立場の人から受け取ったハガキである。

そこに綴られていたのは、20年前に母親と旅した、懐かしい異国の情景だった。

「死刑になる身」「もう二度と戻る事は、ありません」などという非日常な言葉から、私にはこのハガキが「最果ての異国の地」から送られてきたように感じられた。

そして私は「最後の1枚」という言葉からオー・ヘンリーの小説『最後の一葉』を思い出した。主人公が肺炎になり生きる気力を失って、窓の外に見える蔦の葉を見て「あの葉がすべて落ちたら、自分も死ぬ」と思い込む場面がある。

「最後の1枚」という言葉が「最後の一葉」と重なって見え、私はまるで「今日明日にでも死刑が執行されるのではないか」という気になり、慌ててしまったことを今でも覚えている。

林泰男はタイに行くどころか、かつて彼が過ごしたこの社会に生きて戻ることは、二度とない。本人が書いているとおり「死刑になる身」である。

行間から哀愁がにじみ出る独白に、私はどう返事を書いてよいものか悩んでしまった。

地下鉄サリン事件の実行犯には自白が認められて無期懲役が確定した元医師の林郁夫がいる。同じカルト教団に入って、同じ事件の実行役に選ばれた「二人の林」。

しかし彼らに下された判決は「無期懲役」と「死刑」に分かれてしまった。

ハガキの文末に描かれた「湯気が出た湯飲み茶碗」は、まるで林泰男の人柄の温かさを表しているようだった。一方でその文面からは、私に向けられているようでいて返事をまるで期待していない「孤独感」のようなものを感じたのだった。

次に手紙を出すとき、林泰男が「二度と戻ることはない」世界にいる私は、「タイで買った最後の1枚の絵葉書」に対する返礼として「日本の風景の新しい10枚の絵葉書」を彼に差し入れることにした。

林泰男からすぐに返事が来た。

2004年2月5日

（略）昨日、絵葉書の差し入れが届きました。ありがとうございます。……先日のハガキでは、調子に乗って、バカな事を書いてしまいました。ああいう世間離れしたことを話すと、大抵後から自己嫌悪に襲われてしまうのです。その自己嫌悪さえも弱気で情けなく感じてしまいます。（略）「元気を出して！　とか人の自由意志を奪う事になるようで言いづらい」という事に気づきを感じる貴方は、とても敏感な心の持ち主なのだと思いました。


南米アンデス山脈のチチカカ湖の絵葉書に書かれていたのは、初めのハガキのような「独白」でなく、私に向けられた「返事」だった。

――林さんは、やはり自己嫌悪でいっぱいなんだな。実は繊細な人なのかもしれない……。

うつむき加減の林さんの顔が、遠慮がちに少し、こちらに向けられたような気がした。

それからしばらくして、次のハガキが届いた。そこには本の感想が書かれていた。ずいぶん前に例のNさんに託した加賀乙彦の『湿原』が、ようやく彼の元に届いたのである。

まだ十分に読み込めていないようだったが、それでも、結末に感動したことや、小説とは違い自分が「無実の冤罪でない」ことの情けなさなど、ハガキには彼の心情が綴られていた。そして「上告審を通じていろいろ学んでいかなければならない」自身の立場や「自身でも事件を掘り下げて考えていきたい」ことなどが真摯に書かれていた。

——返事は最後までじっくり読んでからでいいのに。律儀な人だな……。

そのハガキの最後には、やはり湯気が出た湯飲み茶碗が描かれていた。

林泰男への興味

こうして文通を重ねるうちに「実際の林さんはどんな人なんだろう?」という疑問、そして彼への関心が湧いてきた。

大事件の被告人という暴力的で粗野な印象が全く感じられず、むしろハガキに書かれている内容や文面から想像すると、誠実で常識的な人。そして礼儀正しく、律儀で丁寧、繊細な人柄さえうかがえたのだ。

当時、私は司法試験受験のために勉強していた。付き合いのある受験友達との間では裁判についてて話すことがあったが、よく話題になったのは、死刑が確定したあとに再審によって無罪となった免田事件、財田川事件、島田事件、松山事件などである。

さらに名張ぶどう酒事件、帝銀事件、袴田事件、松川事件、飯塚事件など、冤罪の可能性が濃厚とされる死刑囚の事件も受験生の間ではよく知られていた。

地下鉄サリン事件は、化学兵器であるサリンが用いられた、宗教を背景としたなかでも類を見ない事件であり、死刑と無期懲役との間で争われた事件でもあった。

こうした判決の結果によって大きく運命が変わる大事件について、司法試験受験生や弁護士の知人との間でも、これまでたびたび議論にもなっていた。

それがまさか、このような形で死刑囚と文通することになるとは思いもよらなかった。

しかし思い返してみると、中学時代に受けた暴行事件の後、生きることが苦しかった時期の私は、死刑囚やシベリア抑留者といった、極限状況で今日の命を必死で生きている人たちの本を読むことで自分の命をつないでいた。

私は中学生の頃からすでに、彼らと自分が共有する何かを感じていたのだ。

「林泰男さんと面会してみようかと思うのだけど」

私がそう家族に打ち明けたところ、誰からも反対の声は上がらなかった。それどころか、

「そう、帰ってきたら感想教えてね」

「子供は見ておいてあげるから、気をつけていってらっしゃい。本当、この人たちの両親も気

の毒にね……」と快く送り出してくれた。

夫とその両親は、弁護士を目指す私のことを前々から応援してくれていた。

夫の両親は週末になると教会に行く敬虔なクリスチャンであることも関係するのか、私がオウム死刑囚と文通を始めたことを話したときにも特に驚いた様子はなかった。

夫の母親は、自身も息子を持つ母親であることから、息子が死刑囚となった「母親の立場」に思いを寄せていた。

「そりゃぁ、もちろん被害に遭った人は、気の毒すぎて言葉もないわ。でも加害者の親の気持ちを考えたら、私にも息子たちがいるから気の毒に思う……。『宗教』という話だったのに、まさかこんなことになるとは親も思ってなかったでしょう……」

事件直後には20代の若者だった私だが、娘が生まれ、彼女が成長するとともに、私自身の視点も徐々に「母親」へと変化していった。

死刑囚たちとの交流が始まった15年前に夫の母親から聞いたその言葉は、今の私には自分自身の言葉として感じられる。

林泰男に面会に行くことを例のNさんに伝えると、彼は背中をグイグイ押すように賛同した。

「ぜひ行ってやってください」

このときはまだNさんの素性は判明していなかったが、私はNさんの反応を少し訝《いぶか》しく感じた。その後、私が林泰男に面会に行く旨を手紙で連絡すると、すぐに返事のハガキが来た。「道中気を付けて　心よりお待ちしております」それはこの一言だけのためのハガキだった。

初めての面会～東京拘置所にて

面会に行くと決めたものの、私はその日が近づくにつれ不安になっていった。それは林泰男に対する不安というよりは「拘置所」という閉鎖的な場所に行くプレッシャーだった。

2004年3月。初めての面会の日。私の住む関西から新幹線で東京駅に到着し、そこから電車を乗り継いで拘置所がある小菅の駅に着いた。

小菅駅を出てしばらく歩くと、曲がり角に小さな喫茶店があった。そこからさらに15分ぐらい歩くと、ようやく東京拘置所の入り口に到着した。

私は初めて見る拘置所の建物の大きさに圧倒されながら中に入った。

面会申し込みの手続きを終え、大学病院の待合室にあるような長椅子に座って自分の番号が呼ばれるのを待った。その後「〇階〇番」という音声アナウンスとともにパネルがひっくり返り、自分の番号が表示された。

私は廊下の突き当たりで空港の荷物検査のような身辺チェックを受け、面会室に向かった。初めて歩く面会室までの道のりはやけに長く、そしてひんやりと冷たかった。

案内された階に上がるとすぐに、私は待合室の横にあるトイレに入った。トイレから出ると私の番号が呼ばれ、目の前に並んだ面会室のうち部屋の番号を看守から指示された。

私が面会室に入ると同時に、向こうの扉から「林泰男」が現れ、目の前に座った。緊張で私の手足は冷たくなっていた。事前にいろいろな話題を考えてきたのだが、本人を目の前にすると頭が真っ白になり、飛んでしまっていた。そんな私に対して

「今日は、わざわざ遠くから、ありがとうね」

想像していたより少し高めの声で、林泰男はそう言った。しかし私は、あまりに緊張しすぎて返事の声が出せなかった。林泰男はにこやかな表情で私をじっと見ていた。

まるで珍しいものを見るような素朴なまなざしに、私は顔が引きつりそうになった。そして、なんとか「あ、はい……。はじめまして」と応えた。

部屋には看守が同席し、会話を聞きながらメモしていた。看守が同席する面会など初めてのことだ。当時35歳の私に対して、林泰男は45歳だった。

何度か手紙のやり取りをしていたとはいえ、いきなり事件の「実行犯」と友人口調で話すこ

ともできず、落ち着かない気持ちだった。

林泰男は指名手配の写真より痩せており、髪には白髪も交じっていた。雰囲気は落ち着いており、教団のマインドコントロールから覚めた今の心境をうかがわせた。

彼は面会中、慣れない状況に当惑する私とは違い、看守のことを気にする様子もなく、私への感謝の言葉を何度も口にした。

そして相変わらず私を、水族館で珍しい魚を見る小学生のようなまなざしで凝視していたのが印象的だった。

こうして初めての面会は何を話したかもわからぬまま、あっという間に終わってしまった。

面会室を出ると、私の背中は水浴びをしたかのように汗でびっしょり濡れていた。

地下鉄サリン事件の実行犯である元オウム信者が先ほどまで目の前にいた。その事実に私は現実感が持てなかった。急いで拘置所の外に出た私は、先ほど見つけた喫茶店に駆け込んだ。

喫茶店でコーヒーを飲んで日常の感覚が戻ってくると、私はやっとホッとした気持ちになった。そしてあらためて、先ほどの面会のことを頭の中で反芻した。

——あの人が「林泰男」なのか……優しそうで、温厚な雰囲気だったなぁ。でも、なぜ前から私を知っているように落ち着いた様子だったんだろう。なぜあんなに、私をじっと見ていたのだろう。面会で話した内容よりも、林泰男の態度が初対面の相手へのものとしては違和感があったことが気になっていた。

――この喫茶店の客には、拘置所にいるわが子に会いに来る母親も多いんだろうか……。

喫茶店のメニューを見ながら、私はもう次の面会に思いを巡らせていた。

自宅に戻った私は、東京拘置所の様子や面会の感想を家族に話した。

「面会室はテレビで見る印象より電気が明るかったよ。拘置所は建物も大きく、トイレもきれいだった」

私が話す東京拘置所の様子と林泰男に抱いた感想を、家族は興味深く聞いてくれた。

それにしてもやはり気になるのは、林泰男が私を凝視していた理由だ。なぜ林さんは、不思議なものを見るような目で私を見ていたのだろうか。

初めて会った印象と彼の「まなざし」への疑問、そしてNさんと私の今までのやり取りについて書き、林泰男に手紙を出した。その手紙への返信に林さんが同封してくれたのが、第二章で紹介した「元オウム信者Nさんから林泰男に送っていた手紙」だ。

それまで彼らに面会に来るのは、教団関係者だった人かマスコミ関係、学生時代の友人など限られた人たちだった。

私が初めて手紙を出す前から、林泰男はNさんからの手紙を通じて私のことを何度も誇張して聞かされており、「傍聴までして、こんな自分に関心を持ってくれる世間の人とは、いったいどんな人なんだろう」と、とても珍しく思っていたようだ。

こうして、拘置所で初めて会った林泰男の「まなざし」への違和感が、Nさんの策略に気づくきっかけになったのだった。

イメージと現実とのギャップ

林泰男との文通を重ねるにつれ、気さくで温厚、オープンな彼の人柄が私にもつかめてきた。さっさと教団を辞めた元信者のNさんのほうがはるかに悪質な人だと思った。

しかし、おかげで私と林さんには「Nさんに嵌められた者同士」という意外な共通点ができた。それ以降、私は緊張感が解けて、自然な調子で彼と話せるようになっていった。

林泰男からも「友香さんにはなぜか壁を感じないんですよね。世間一般の普通の付き合いのように感じる」と言われるような間柄になっていた。

私と初めて面会した頃の林さんは、自分が巷で「殺人マシン」といわれていたことを非常に気にして、落ち込んでいた。

しかしお互いに打ち解けてきた頃には、

「林泰男と『殺人マシン』って、似合わないよね！」

と私が言うと、笑顔を見せるようにもなっていた。

似合わないといえば、林泰男が『エマ』という漫画を読んで、とても良かったと教えてくれたことがあった。そのときも「林泰男と少女漫画は似合わないね（笑）」と冗談を言うと、「確かに、それは似合わないだろうなぁ」と笑って返事をしていた。

その頃には、私が彼に初めて手紙を出したとき持っていた疑問について、「南の島（石垣島）まで逃げたのは、なぜ？」と聞いても、「暖かい開放的な南の島が好きだけど、逮捕されたら二度と来ることができないと思ったから」と正直に話してくれるのだった。

一方で「逃げ惑う者の心はいつも卑屈だった」と逃亡中の苦しい胸の内を教えてくれもした。

死刑執行場までの13階段

死刑が執行される際には、当日、執行の30分ほど前に呼び出されるという。

腰を抜かして部屋の中で立てなくなり、引きずられるようにして執行現場に行く死刑囚もなかにはいるらしい。

当初、林泰男は死刑執行場には本当に「13階段」があると思っていた。

当事者である死刑囚が執行の現場を知らないことに私は驚いた。

ただでさえ動揺する執行日の直前に、あると思っていた階段がなかったことで、よりパニックに陥ることがないようにしてほしい。

「え、林さん、なに言ってるの。階段なんてないのよ。死刑では執行場の足下の床が開いて下に落ちるらしいよ。ロープの幅は3センチぐらいみたい。失敗とかないと思うけど、なるべく太らないほうがいいと思う」

当事者にこんな話をするのは傷口に塩を塗るようで、私自身も非常に心苦しかった。しかし、自分の知っている範囲のことを伝えておきたかったのだった。

「死刑を待つ身」という立場への自覚はあっても、執行現場には当日まで行くことはない。私が話すまでにも、きっと「階段のある絞首台」を何度も頭の中でシミュレーションしていたのだろう。

「えっ⁉　階段ないの？　てっきり階段があると思ってました……」

「さすがに死刑直前に13段も階段を上ってる余裕ないでしょう」

「確かに……」

納得している林さんを見て、私は伝えておいてよかったと思った。

彼らとの交流を通じて私は「イメージと現実のギャップ」が一連のオウム事件のキーワードだと感じていた。

ギャップ。


「救済」という言葉と「殺人」という結果のギャップ。

「最終解脱者・麻原彰晃」と「松本智津夫死刑囚」のギャップ。

そして世間一般での彼ら元信者・死刑囚に対するイメージと、現実に目の前にいる彼らとのギャップ。

これら「イメージという思い込みと現実のギャップ」が、事件を引き起こしたそもそもの核心から死刑執行現場に至るまでひとつながりになっていると、この会話のときにも感じたのだ。

「まさかこんなことになるとは夢にも思っていませんでした」

これは他の死刑囚から聞いた、教団にいた頃を振り返ったときの心境だ。

人は自分が描いたイメージの世界にどっぷりはまってしまうと、それが唯一の現実だと思い込んでしまう。そしてそのイメージと違う意見にぶつかると、余計に自分の考えに固執し心を閉ざしてしまう。

目が覚めた後の彼らの姿にふれて私はいつしか、自分が思っている「私」ですら過去の記憶からのイメージにすぎないのではないかと考えるようになっていった。


一方で、林泰男は私との面会中に何度も、「自分が事件に関与したばっかりに申し訳ない……」と、いつか自分の死刑執行のボタンを押すことになる看守の気持ちまで気遣っていた。

「負担をかけると申し訳ないので、自分がボタンを押すことができたら」

と手紙に書いてきたこともあった。

はじめのうちはこの気遣いを偽善のようにも感じたが、文通と面会を重ね、林泰男の人格に触れるうち、当事者である彼らが自分の死刑に関わる人の気持ちまでも想像してしまう苦しみが、私にも少しだけ理解できるようになっていったように思う。

裁判の舞台裏

お互いの間に信頼関係ができてからは、裁判の舞台裏についても教えてくれるようになった。ともに裁判を受けていたオウム事件の犯人たちは「教団仲間」ではあったものの、互いに心を開いた「友人同士」というわけではなかったようだ。だから公判が始まると、嘘をつき、かつての仲間たちに罪をなすりつける者が出てきたというのだ。

林泰男は、5人以上の共犯者たちと手紙をやり取りをしており、差し出し人こそ伏せられていたが、私にもその手紙を見せてくれた。そのうち印象に残った一部を抜粋して紹介しよう。

（一部抜粋・原文ママ）

○○を始めとした側近が焚きつけなければ、あそこまで麻原の妄想が狂わなかっただろうにと思うのです。○○は、自分が可愛いだけでしょうか？

食い違いにも色々なパターンがありますが（数量など数字に関する食い違いなど）彼の証言と、その他のものの食い違いにおける大きな傾向は、多くの者が「あった」と言っている事を彼だけは「なかった」と否定することがあります。

事実は1つですから。（略）実際には「なかったこと」について複数の者が共通の内容の「あった」という証言をする事は考えにくいということ。また何かが「あった」という場合には、単にその場面を記憶していればそのように言える事に対して「なかった」と主張するためには、本来全てを正確に記憶していて、その上でその場面を否定するという作業が必要だと思うのです。

つまり「なかった」という事を直接立証するのは、非常に困難であるにも関わらず、彼の場合は単に自分の記憶にないことを根拠に「なかった」と主張しているのではないかと思うのです。見方を変えると「そんな事があっては困る」という意図によるものかもしれません。

○○が教団の内外、麻原の前ですら、いかに嘘を垂れ流し続けていたかは、きっと何らかの形で、それも何人もの口から明らかにされるはずだと私も信じています。

教団で彼を知っている者からすれば、またか……で終わりなんですけどね。彼のストーリーを世間も被害者も、そして遺族の方も受け入れてくれていると錯覚してるんでしょうか。意見陳述を読む限り深く反省しているように想えますが、このまま世間を騙し続ける彼になんと言ってあげればいいんでしょう。自分の事を聖人かなにかと勘違いしているのではないかと思えてなりません。結局彼は、教団にいたころと全く変わってないのではないでしょうか。教団にいたころ麻原に対して行っていたことを、今は法廷や世間に行っているだけで。

○○の証言と、その他の者の証言の食い違いには、細かい部分に関するものが多いということが感じられます。以前は「○○は、そういうように記憶しているのだろう」と思っていた理由の1つに、この「食い違いがあまり重大な点に関するものでないこと」があったのですが。今の目から見ると逆にここにこそ大きな問題が潜んでいるように思います。「重大ではない」という場合、それは「事件全体の流れから見ると重大ではない」という意味で使われるわけですが、ここで「○○の観点から見て」となると大きく変わってくるからです。（略）事件と○○を関係づける証拠というものは、間接的な二次的なものが主になりやすく、従って○○にとっては、そういう小さな状況証拠をつぶしておくことが極めて重要になる。その他の小さな事実を可能な限り自分に都合の良い方向に歪めようとしている。

何故マスコミがヒステリーを起こすかと言えば、実行犯は狂信者、つまり狂人がやったことなのだとしないと安心できないからです。狂信者でないものが、何らかの働きかけの中で行ったというのでは、狂信者でなくてもやってしまう可能性があると言う事で、安心できなくなるからです。

後の世で、頭の冷えた人達に読んでもらう可能性があるだけで良いとしなければならないかもしれません。

彼の独自のストーリーというかフィクションというかコメディーのような証言につきあって時間をつぶすのを辞めたいです。

もうまともに聞くのはやめて「ギャグ」として聞こうと思っています。「事実をはっきりさせる」作業の大半が彼のストーリーの解読、トリック崩しとなってしまうこの不毛な状況。


この手紙を読んではじめて、一連のオウム事件の際に麻原を焚きつけるような発言をしていた側近がいることを私は知った。

手紙の内容を信じるなら、この「焚きつけていた人物」は教祖である麻原の前でさえ嘘をつき、公判においても嘘をつき続けた「大嘘つき」であり、そうして自らを有利な立場に置いてきたわけだ。私はその人物を追及する立場にはないが、手紙に込められた哀しい真実の叫びを感じ取り、泣けてきてしまった。

手紙にある「後の世の、頭の冷えた人達」に私自身が当たるかはわからないが、そのような人たちにこの叫びが届くように、そして何より同じような事件が再び繰り返されることを防ぐためにも、林泰男はこれらの手紙を見せてくれたのだと私は思っている。

私が贈った本の感想

林泰男に最初に差し入れた本は、冤罪をテーマにした加賀乙彦の『湿原』だった。そもそも私と林さんの関係は、元信者のNさんに林さんへの差し入れとしてこの本を託したことから始まったのだった。

そこから始まった「オウム事件の死刑囚」たちとの交流が深まるにつれ、私もなんらかの形で彼らが「死刑」という現実に向き合う助けになりたいと考えるようになっていた。

そして、心苦しさもあったが『死の淵の愛と光』や『ある死刑囚との対話』など、死刑そのものをテーマにした加賀乙彦の著作を、林泰男をはじめ当時交流していた複数の死刑囚に差し入れた。

それらの本は私にとっても学ぶことが多く、いろいろと考えさせられる内容だった。だからこそ死刑と向き合う当事者が読めば、私とは違う視点から「死」についての考察を深められるのではないかと思ったのだ。

差し入れた本のうち、加賀乙彦が東京拘置所の精神科医をしていた時代に出会った、バー・メッカ殺人事件の正田昭死刑囚を扱ったものは特に評判が良かった。正田昭は、加賀乙彦の出世作でもある『宣告』ほかさまざまな著書のモデルであり、「独房の宗教者」とも呼ばれた。

林泰男から筆者への手紙　2004年8月頃

（略）『死の淵の愛と光』をまた読んで、やっぱり同じ（?）……あるいは近い（?）立場の者として共感する部分がありました。（以下は林泰男が『死の淵の愛と光』から引用した部分）「（p.53）ヒトというものは、「一般的概念」という厄介なもので、他人を批判しがちなもので、うっかりその、作り上げられたイメージに合うように生きないと、それはもう、我慢ならず責め立てるもので、ぼくは、自分に与えられたイメージにふさわしく先ず生きねばならない。しかし、僕には、もっと別な面もある（略）」…そうなの、そうなの、そうなのよ〜。イメージと言うのが恐い。実感だよ。そして俺に欠けていて、最大、正田さんを見習いたいと思った事が、何かというと「（p.62）苦しみのとき、ひたすら耐えていさえすれば、やがてまた喜びが灰復してくる。自分にとって辛いことや誤解でも、じっと弁明もせずに沈黙しているうちに、やがてまた平和が蘇ってくる。何かあるとき、アレコレ言いたい口をおさえて、静かに嵐の過ぎてゆくのを待っていれば、再び愛が心にみちてくるのです。うれしいことですね。」という部分。……まぁ見習いたいと思うところは、沢山あったけどね。（略）

正田昭自身が書いた『黙想ノート』や『夜の記録』など、加賀乙彦の著作以外にも死刑囚や無期懲役囚の心理について書かれたさまざまな本を差し入れた。

死刑囚について書かれた本を当事者である死刑囚と語り合うことになり、私自身も「今ここに在る」という実感を持って生きることの大切さを身に染みて感じるようになった。このような機会を得たことは、今になって考えてみてもあらためて不思議な縁だ。

林泰男からはこんな手紙が来たこともあった。

2004年9月9日

正田昭元死刑囚の時代と今の違いについて。「昔と今とは、まるで環境が違っていて、正田さんの頃は、文通や面会がずっと自由だったようだし、なにより自然があるのが羨ましいところです。（略）今は、月や太陽も殆ど見ることができません。

正田の死刑が執行されたのは1969年。『黙想ノート』などの著作は1967年に書かれたものである。正田は「昭和の死刑囚」、そして林泰男らオウムの死刑囚は「平成の死刑囚」ということになる。

その間に東京拘置所の独房は、時代の変化を象徴するように「自然」からどんどん切り離されていった。独房の窓は分厚い曇りガラスなので、外がほとんど見えないことが災いし、心身の具合を崩す未決収容者も多いらしい。

だから「廊下に観葉植物が置かれた」程度の話でも、聞いたときはほんの少しほっとした。拘置所は本来、裁判が終わるまでの「未決」期間のための施設であり、死刑囚の収容を想定して造られたものではない。オウム事件の死刑囚たちは逮捕から23年という長期間を、窓の外がほとんど見えない3畳の部屋で過ごした。林さんからは、

「一度マイナスの思考が頭に過ぎると逃げ場がない。ラジオの音とかけっこう気になると聞くけど、音も気になり始めたら逃げ場がないから精神的にキツいだろうネ。どういう訳だか、音は、全く気にならないんですよ」

と聞いたこともあった。そのような環境に置かれた彼らが、罪悪感と後悔が押し寄せるなか、心のバランスを崩さず公判に出廷するのは大変なことだっただろう。

今になって、彼らが置かれていた状況を考えると「あのときは言いすぎたな」「もっとこう言えばよかったな」と悔やまれることがたくさんある。

謝罪の手紙とPTSD

私から出した手紙の中で、その当時新聞に載っていた話題について触れたとき、林さんから

「新聞を読む事を、ある時から辞めた」と返事があった。

一審の国選弁護団の一人が、面会などの弁護活動で知ったことや林泰男さん自身のことなどを本に記し、林さん本人が知らないうちに出版していたのだ。林さんは新聞の広告で初めて知ってショックを受け、それから新聞を読むことをやめたとのことだった。

以前からその弁護士はあまり面会に来なかったが、

「他の案件も抱えていて、先生は大変お忙しそうだ。だから面会に来てもらえる機会が少ないのだろう。仕方がない」と思っていたという。

そして本の出版を知ってからも、

「こんな自分の弁護人を引き受けてくれたから」

と、その弁護士に律儀に季節の挨拶状などを出しているようだった。


その話を知った私は、国選弁護人が弁護活動時に知った内容を本にしたことに憤った。弁護活動中に得た情報やその他事件に関する情報を、精査することなく被告人たちの実名で書くと、それが事実と食い違う記述でも、読者はあたかも全て事実であると勘違いしてしまいかねない。また、事件に関しては「一部事実と食い違う出来事」であっても、共犯者からすると他人の汚名を被ることになる。

本の内容は気になったが、その本を買って林さんに差し入れする気持ちになれなかった。

出版について先に知らせてあげたら、彼のショックも軽減されたかもしれない。

林さんには被害者の方への謝罪の手紙のことなど、その弁護士に相談したいことがいろいろあったと知っただけに非常に残念だった。

その弁護士の行動を理不尽に思った私は、以前から知り合いだった和智薫弁護士に事情を話した。当時まだ若手だった和智弁護士は、死刑制度に関心があるだけでなく、『チベット死者の書』を愛読し、宗教にも理解ある人だったので、林さんの力になってくれるのではないかと期待したのだ。

「金銭度外視ということが前提でもよければ……。一度、林さんに面会に行ってもらえませんか？」

控訴審からの受任依頼のうえ、そもそも覆しようのない裁判だ。胸中は複雑だっただろうが、和智弁護士は「わかりました」と返事をしてくれた。

それから私は、林さんとのやり取りの中で「被害者の方々への謝罪文」について触れるようになった。

林泰男がそれまで謝罪文を出さなかったのは、弁護士に相談することもできず「出したいのに、出せない精神状態」だったからなのだ。私はそんな彼の、謝罪の手紙を「出したい」という気持ちの助けに少しでもなりたかった。

それまでにも林泰男は謝罪の手紙を書こうとしたものの「不用意な言葉で被害者の方や遺族の人をこれ以上傷つけてしまったら……」との思いから、書いては破りを繰り返していた。林泰男は「世界と自分の崩壊」を体験し、耐えきれないほどの良心の呵責と罪悪感で打ちのめされていた。オウム事件の加害者には、同時に「被害者」の側面があった。私と同じくＰＴＳＤ（心的外傷後ストレス障害）と思われる反応が見受けられたのだ。

時折、面会途中で私が黙ったとき、林泰男は自分が不用意な発言をして私を傷つけてしまったのではないか、と顔の筋肉をピクッと痙攣させていた。

中村昇受刑者や他の死刑囚たちにも同じことが言えた。普通に話しているとわからないが、事件について触れたり、特定のキーワードが出ると「強度の不安」の表情を突然のぞかせるのだ。

私は脱カルトの専門家ではないので確実なことは言えない。しかし薬物や暴力によるマインドコントロール、そして教祖との関係など、彼らにはカルト宗教の被害者的側面も多分にあるように思えるのだ。

かつての閉塞的な教団での生活、そして現在の独房での生活では、どうしても頭の中だけで思考してしまい、出てくる言葉も観念的になってしまう。どれだけ申し訳ないと思っていても、観念的な言葉だけでは相手の心に響かないのではないか。

だから謝罪の手紙を書く際には、日常から離れないように……そう林さんに伝えたことがあった。

林さんからは次のような手紙が返ってきた。

2004年8月頃

（略）最近、気付きと心の変化があり、友香さんの言うように色々と勉強になるよ。俺にとっては。あ、でも友香さんは、被害者側の人間であり、俺が加害者側の人間だからなのかは、俺には、わからない。どちらかというと両面、または両義性の中で話すと、日常生活からどんどんかけ離れていってしまいがちなのですが。（略）

「たとえ誤字や脱字があろうと、林さんが心の底から申し訳ないと思っている気持ちをきっちり書くことが重要だと思う。許してもらいたいなど思わず、とにかく真心を込めて謝罪の気持ちを手紙に書いて出すことが大切だと思う。謝罪の手紙が来たからといって、気持ちが収まるような事件じゃない。だけど林さんの気持ちがあるのに出さないでいると、謝罪の手紙すら来ないと遺族の哀しみが深まると思う。私なら謝罪の手紙ひとつ来ないと憤りを感じる」とも伝えた。

それから一度、林泰男から謝罪の手紙の下書きを読んでほしいとの希望があった。何度か書き直したようだが、しばらくして林泰男から、

2004年3月上旬

裁判所に、ご遺族の方へのお詫びのお手紙を渡しました。

という報告が届いた。

2004年3月上旬

昨夜、被害者の方へのお詫びの手紙を2通目書き上げました。今晩3通目を完成させる予定です。

という手紙も続いて届いた。私はこの報告を聞いて、心からよかったと思った。自分の言葉で謝罪の手紙が書けるようになった。

そんな当たり前の、しかしこれまでやりたくてもできなかったことができるようになったという林さんからの報告は、死刑が執行されるより前に、教祖の呪縛から解放された報告でもあるように思えた。

根本的な淋しさと共依存

私から家族のことを話す機会も多かったから、林さんはこんな手紙をくれたこともあった。

2004年9月9日

毎度！　今日スポーツ新聞を読んでいたら「東京国際フォーラム」で開催中の『人体の不思議展』のことが出ていました。……これって絶対娘さんの好みだろうなと思ったよ。それで170点の本物の人体標本が見学出来て、血管の鋳物標本とかもあって……これ写真載ってたけど……ス・・ス・ゴイ（汗）の一言です。台風が過ぎて、今日は風もなく、とてもとても静かな晩です。……もちろん虫の合唱団だけはすごいけど、それでも静かに感じるのが不思議なところです。それでは、又ネ。

謝罪の手紙を書き始めて以降、林泰男はスポーツ新聞の購読を再開していた。当時まだ小さかった私の娘は人間の身体に関心があり、小さな模型などを集めていた。私がそれを話したことを林さんは覚えていてくれたのだ。

家族の話といえば、林泰男と文通を始める1ヵ月少し前に飼い始めた愛犬について書いたこともある。

「林さんの誕生日は、12月15日ですね。その日は、うちのクウ（空）ちゃん（愛犬）も誕生日です。色即是空の『空ちゃん』なんだけど、なんでもよく『食う』クウちゃんです」

クウちゃんのことをそう手紙に書いて以降、林さんから届く手紙の宛名には、私と家族全員の名前、そして「クウちゃん」と、愛犬の名前まで必ず書かれていた。

林泰男との文通でたびたび話題にしてきたクウちゃんは、死刑囚が移送された後の2018年3月27日から突然ご飯を食べなくなり、歩くことすら困難になった。GWには食欲も回復して散歩に出かけるほどの元気を見せたが、林さんより一足早い2018年5月28日、満月の夜に逝ってしまった。

2006年11月27日

友香様へ
風邪治りましたか？　シャバでは風邪が流行ってるのかな？　でも普通の風邪ならばいいけど……最近、タチの悪いインフルエンザなんかもあるようで時々大騒ぎになっていますよネ。（略）
人というのは、根本的な淋しさというのを誰しも抱えているのでしょうネ。その淋しさと向きあえなくて、みな、様々な娯楽にふけったり、何かに依存したりしてしまうのかな。（……真に精神的に独立・自立してる人って案外少ないのかもネ。）その依存の対象を失うと、人の心は壊れてしまうのかも知れません。（略）

○○は、××に心を開くことはないように思います。友香さんの言うように、それは心の傷の深さを現しているのでしょうネ。でも、もしかしたらそれ以外にも別な理由があるのかも知れませんネ。（略）その傷も塩も神からの恵みですものネ。全ては自己をはぐくみ育ててくれるこやしとなるものなのでしょう。だから大切にしたいと思ってるんだけど、だけど……だけネェ。

みんなも俺も、まだまだ全然……誤解したりなんだりで意図していなくとも、しばしば相手の傷に塩をぬるようなことをしてしまっていたり、又逆に自分自身で勝手に錯覚して自分の傷に自分で塩をぬりこめているのに、それを他者の責任にしてしまうこともあって……実際のところ、みんな（共犯者間）が心を開き合うのが非常に難しくなっているのが現実です。（略）

何れにしても、心の余裕の問題なのかも知れませんヨ。長い間の拘留生活、長い裁判、沢山の嘘、そして二度の死刑判決を受け、被害者の方々への思いや、自己の良心と良心の呵責など……そういった中で心に余裕の持てる人は少ないのかも知れません。……この手紙が届く頃は、もう師走でしょうか。……早いですネェ。（笑）

2007年1月半ば頃

1月も半分過ぎ。これから本格的に寒くなるのかなぁと思いながら暖冬暖冬で昔のような厳しい冬は望んでも来ないのかも知れません。先日、「○○」を書いている××さんから、今迄に月刊△誌にケイサイした「○○」の分を頂いたんです。（……と言うか、突然送ってくれたんです。）それを読んでたら、な・な・なーんと麻原の兄が語ったこととして、麻原が水俣病患者の認定申請をしたことがあって、それを却下されてた話が載っていたんです。（略）……と言う訳でこれ以上考えるのはストップしておきます。

「外側に頼る」発想が裏返って「外側の責任」にするのは、ワンセットの心理なのかな？」というのは、まさにその通りですよネ。気づかされるイイ言葉でした。

多くのカルト宗教による事件の背景には「教祖と弟子の共依存関係」があるとされる。この手紙は「外側に頼る」お互いの発想が責任転嫁につながるのだろうという私の指摘に対する林泰男からの返事だ。

ちなみに「麻原の水俣病説」については藤原新也『黄泉の犬』に詳細があるので購入して読後、林さんにも差し入れをした。

死刑囚・受刑者に、「オウムとは何だったのか」を自分自身で深く考えてもらいたい気持ちでさまざまな本を差し入れていた私だが、一方で彼らに送る手紙には、なるべく日常感覚や家族を感じられる話を書き綴った。

林泰男へのハガキに私の家庭で起こったこんな会話を書いたことがあった。

「娘がね、私が留守だからラッキー、ママが羨ましがる話があるって言うから、何？って聞いたら孫に、目がないお爺ちゃんがアワビを買ってくれたけど、ママがいないから肝を1人で食べれる～って喜んで電話してきたよ」

すると林さんからこんな返事が来た。

2004年7月下旬

それは、ツウだね！　私は、魚好きがこうじて、魚屋さんで働いたぐらい。鮑《あわび》の肝の美味しさを、ママを羨ましがらせるために電話してきた娘さんの話は、笑ってしまいました。

……そういえば裁判でも「魚屋さんの友達の手伝い」をしていた話が出ていた。まさかそれが魚好きが高じてのことだったとは。

林さんとの交流のなかではこんなふうに、教団に入る前の林泰男の人となりを知ることもあった。本当に、死刑囚でもなければそのまま海の家でサザエでも焼いていそうな人だ。

死刑囚たちとの出会いがあってから、私は街で彼らと似た人を見かけると、今でもついじっと見てしまう。

——あぁ、あの人も、もし教祖や教団と出会ってなければ、こうして普通の生活を送っていたのかもしれない。そうだったら、どんな生活をしていたのだろう。優しいお父さんになっていたのかもしれない……と、街のどこかにいる「彼ら」の姿を探してしまうのだ。

林泰男が面会途中で突然笑った理由

ある面会の日、林さんが突然笑い出した。後の手紙でそのことを質問すると、林さんからは次の返事があった。

2004年8月頃
（略）この間の面会の最後の時……途中大きな声で笑ったりしたけど（……何の話しがおかしかったのか忘れてしまったけれど）。実は、なぜか途中から涙が込み上げて

きて……一生懸命抑えていたんです。まさかあそこで泣く涙をこぼす訳にもいかないから。（略）

私にはこの林泰男死刑囚の涙の理由を聞くことができなかった。

上告棄却

「和智さん、今日面会に来て下さりました。今日1日だけで次々と4人の人と面会していました」

当時29歳の若手弁護士だった和智薫さんは、私との約束どおり、林泰男の弁護人になり、判決が覆りようのない地下鉄サリン事件の上告審を受任してくれた。

和智弁護士は慶應義塾大学法学部出身。若干20歳で司法試験に一発合格。24歳で弁護士となった。家庭的に大変な苦労を抱えていた彼は、弁護士・司法試験講師として活躍し、30歳のときには日本最年少で、犯罪者の更生を担当する保護司にもなった。

司法試験に一発合格した和智弁護士は、私にとって雲の上の人だった。

2008年2月。林泰男の上告が棄却。

主　文

本件上告を棄却する。

理　由

弁護人和智薫の上告趣意のうち、憲法13条、31条、36条違反をいう点は、死刑制度がこれらの規定に違反しないことは当裁判所の判例（最高裁昭和22年（れ）第119号同23年3月12日大法廷判決・刑集2巻3号191頁、最高裁昭和26年（れ）第2518号同30年4月6日大法廷判決・刑集9巻4号663頁）とするところであるから、所論は理由がなく、その余は、単なる法令違反、事実誤認、量刑不当の主張であって、刑訴法405条の上告理由に当たらない。

なお、所論にかんがみ記録を調査しても、刑訴法411条を適用すべきものとは認められない。

付言すると、本件は、オウム真理教（教団）幹部の被告人が、（1）他の教団幹部らと共謀の上、教団に対する強制捜査を阻止、かく乱するため、不特定多数者を無差別に殺害するテロ行為を行うことを企て、ア 平成7年3月20日午前8時ころ、東京都心部に向かう5本の地下鉄電車内で、ほぼ同時に化学兵器である神経剤のサリンを発散させ、サリンガスを吸入させるなどして乗客や地下鉄職員合計12名（のち13名）を殺害するとともに、合計14名にサリン中毒の傷害を負わせたが殺害の目的を遂げなかったという殺人、同未遂（いわゆる地下鉄サリン事件）、イ同年5月5日、新宿駅地下街にある公衆便所内に致死性の毒ガスである青酸ガスの発生装置を仕掛けたが、青酸ガスを発生させるに至らず殺害の目的を遂げなかったという殺人未遂のほか、（2）教団幹部らが共謀の上、平成6年6月27日深夜、長野県松本市内で敢行したサリン発散による殺人、同未遂（いわゆる松本サリン事件）に際しても、これに先立ち、犯行に使用するサリン噴霧車の製作に従事してこれを幇助した、という事案である。

いずれの犯行も、教団の組織防衛等を目的とし、法治国家に対する挑戦として組織的、計画的かつ大がかりに行われた無差別大量殺人又はその未遂行為であり、罪質は反社会的で悪質の極みというべきである。特に地下鉄サリン事件及び松本サリン事件では、殺傷能力の極めて高いサリンが広く散布されたことにより、19名（のち21名）もの死者を出しており、残虐で非人道的な犯行態様と結果の重大性は他に比べるべき例がない。殺害された被害者の遺族及び今なお深刻な健康被害に苦しんでいる負傷者らの被害感情が極めて厳しいことは言うまでもない。一般市民を不安と恐怖に陥れた社会的影響も非常に大きいものであった。

被告人は、教団幹部の立場で、前記のとおり各犯行を行ったものであるが、中でも地下鉄サリン事件においては、サリンの封入された3個のナイロン・ポリエチレン袋を自ら混雑する地下鉄電車内に持ち込み、傘の先で突き刺して穴を開け、すべての袋からサリンを漏出させ、同電車内はもとより、停車した各駅の構内などにも気化したサリンをまき散らすという実行行為を直接担当し、被告人がサリンを散布した路線に係る死者だけで8名を数える惨劇を招いたものであり、その果たした役割は極めて大きい。

以上のような犯情に照らすと、被告人の刑事責任は、極めて重大であるというほかはなく、より上位の教団幹部の指示により地下鉄サリン事件の実行を引き受けることになったものであることなど、被告人のために酌むべき事情を十分考慮しても、原判決が維持した第1審判決の死刑の科刑は、やむを得ないものとして当裁判所もこれを是認せざるを得ない。

よって、刑訴法414条、396条により、裁判官全員一致の意見で、主文のとおり判決する。

「悪人が悪だけを犯すわけでなく、善人が善だけを行なうわけでもない。

誰の心にも棲む小さな優しさが姿を顕すとき、本当の平和が訪れるかもしれません。

向日葵に　幽けき　正義祈る　午後」

弁護士　和智薫

２０１１年7月6日。向日葵が咲き始める頃。
36歳の若さで和智さんは雲の上に逝ってしまった。

最後の面会

林泰男から筆者への手紙　２００８年2月上旬

（略）ここのところとっても寒くて、朝布団をでるのに気合いが要るんですョ（笑）いつも、けっこう早起きを心掛けていたんだけど……最近は起床のチャイムが鳴る迄起きられなくなってしまいました。すっかりなまけものです。（略）

私の判決日も……どうなるのかなと思っていたら……判決日決定の通知が届きました。

その話は、また面会した時に話しましょう。（略）

……以上のことは、面会前に書きました。それは、ともかく4年経っても変わらないネェ！

久しぶりに会えて、話せて楽しかったです。……ありがとう。それでは、またお手紙します。

この手紙の後、２００８年2月15日に林泰男の死刑が確定した。

死刑確定後は確定処遇となり、外部との交流は著しく制限され、決められた人以外とはやり取りができなくなった。

和智薫弁護士にはその後も引き続き弁護人を担当してもらっていた。しかし私から手紙を出しても林さん本人には「不許可」となり届けてもらえなかったようだ。その後私は、間接的に林さんの安否を聞く程度しかできなくなった。

死刑執行

東京拘置所から、林泰男を含むオウム事件の死刑囚が移送された後の２０１８年7月23日。

林さんから私に、以前に切手を差し入れたことへの礼状が届いた。

7月23日に届いた封筒には私が差し入れた深海のクラゲの切手が貼られていた。

2018年7月11日

友香様

先日は、又々お差し入れありがとうございます。
7月6日（金）に、現金とクラゲの切手を受け取りました。
お志、とても、とても感謝しています。
どうかお達者で・・・
長生きして下さいネ。　yasu
p.s なかなか発信ワクが取れず、遅くなって申し訳ありません。

差し入れの「礼状」ということで許可された挨拶文のみの内容だった。

しかし手紙からは、これから起こる死刑執行を前提としている林さんの心境が伝わってくるようだった。そしてそこには文字だけでなく、生命の息吹が感じられるようにきれいな色が塗られたヤシの木などの絵が描かれていた。

「どうして南の島（石垣島）に逃げたのでしょうか？」

私たちの文通はその質問から始まった。林泰男がその話を覚えていたかどうかはわからない。

私はその絵を見て、林泰男らしい温かく開放的な絵だと思った。

追伸には「発信枠が限られており礼状が遅れた」ことへの詫びが律儀に書かれていた。

私はその律儀さが本当に切なかった。そして手紙の最後には、最初にもらったハガキと同じく「湯気の出た湯飲み茶碗」が描かれていた。
２０１８年7月26日　死刑執行。合掌。

命がけの国賠訴訟と贖罪

林泰男は、

「おかしいと思ったときに、おかしいと言わなかったことが一番の後悔」

といつも私に話していた。

その悔恨がどれほど深いものだったのか、死刑執行後に報じられた国賠訴訟に関するニュースで、あらためて私は知った。

このニュースが出たときには、もう林泰男はこの世にいなかった。（以下、２０１８年9月19日付「朝日デジタル」より引用）

拘置所側が接見同席、国に賠償命令　オウム元死刑囚勝訴

拘置所の職員が裁判所の決定を無視して接見に立ち会い続けたとして、オウム真理

教元幹部の林泰男死刑囚＝7月に死刑執行＝とその弁護人が、国に計1320万円の賠償を求めた訴訟の判決が19日、東京地裁であった。市原義孝裁判長は「きわめて重大な過失があった」と述べ、国が精神的苦痛の慰謝料などとして計25万2千円を支払うよう命じた。（略）林元死刑囚は5月の結審後に執行されたが、民事訴訟法の規定により一審判決までは原告の立場となる。

自分の名前を出して国賠訴訟など起こすと死刑執行が早まる可能性もあるかもしれない。拘置所でも居心地が悪くなるかもしれない。

「自分がつらい思いをしても、自分が訴訟を起こすことで同じような思いをしている元仲間のためになれば……」という思いがそこには込められているような気がした。

この訴訟は林泰男死刑囚の「命を懸けた贖罪」だったのだと私は確信している。

私が出会えたのは「オウム死刑囚・林泰男」ではなく「林泰男」という一人の人間だった。

第四章　未決勾留時の中村昇

死刑求刑から一転、無期懲役へ

一連のオウム事件で死刑を求刑されたなかで唯一人、死刑ではなく無期懲役で結審した中村昇受刑者。

中村君は自分がいた頃の教団や支部活動の話を手紙に書いて教えてくれた。そのおかげで私も、事件に関わる人間関係などがよくわかるようになった。

中村君との文通内容は、彼自身の高校時代の思い出、教団の話や支部活動時代で心に残っている事柄、そして事件の反省など、多岐にわたった。

また私が自分自身の日々の様子を手紙に綴ると、それに照らして中村君も幼い頃の懐かしい話を手紙に書いてくれた。

文通が始まってから今年で15年がたつ。２００６年に無期懲役が確定した後の中村君は、刑務所に一人移送されてから、拘置所時代よりさらに現実的に教団や事件を振り返り、贖罪を深めていった。第九章に掲載した中村君の手紙からもその様子が見て取れるだろう。

その間、周囲の環境は変化し、また彼自身の病状も悪化して、彼を取り巻く状況はより厳しくなっている。

私が彼らに出会った頃は、大学生になる娘がまだ小学校に入る前だった。

彼らオウムの死刑囚・受刑者との交流が続く一方で、私は長年、中学・高校受験の塾講師と、教員採用試験・管理職試験の教育心理・司法臨床心理の講師、そしてカウンセリングを仕事にしてきた。

下は小学1年生から上は学校の教員や教頭まで、6歳から55歳ぐらいまでの幅広い年齢の受講生を受け持ってきたことになる。

そのような教育現場についても、心の中には常に彼らオウムの死刑囚・受刑者の存在があった。

小学校時代には彼ら自身、将来このような大事件に関与する加害者となるとは思わなかっただろう。

ましてやその親は、自分の子供が死刑や無期懲役になるなんて考えたこともなかったはずだ。

学校の教員や管理職も、まさか自分の学校の生徒たちの中から、カルト教団による前代未聞の事件に関与する人間が現れるとは思わなかったはずである。

中村君と手紙のやり取りを始めてから、学校の教員や管理職の存在が生徒たちに与える影響が想像していた以上に多大であることがわかってきた。そこで講義のなかで、

「自分の受け持つクラスや学校内から、自ら命を断つ生徒や、時として他者の命を奪う生徒が出るケースもあります。皆さんも『命の大切さ』という言葉を口にする機会があるでしょうが、これまでの人生で、自分一人で『命』について真剣に、深く、考え続けたことがあると言える人はいますか？　ある方は挙手してください」

と、教員や管理職を志す受講生たちに質問をしたのだが、残念ながら挙手した人は誰もいなかった。

命の大切さとは何か？　確かにこれは答えのない問いである。しかし教育指導に携わる仕事を志す人には、せめて一度は考えていてほしかった。

16年前の「未決勾留時代」の彼らとも、事件を通して命について忌憚なく語り合った。「友香さんは『命について考える東拘置学園』と言うが、残念ながら私たちの卒業は『死刑だ』」と言われたとき、私は何と返事をしていいのかわからず、「来世で再会しよう」と言うしかなかった。

今の私だったら、彼らにどんな言葉をかけることができるだろう。

平成16年
3月28日友香さんへ
はじめまして！　お手紙and卒論拝見しました。そして先日は、差し入れ（切手）
ありがとうございます。

中村昇受刑者と初めて手紙のやり取りをしたのは、２００4年3月。中村君も私もまだ30代だった。

中村君の手紙からは、最初から柔和で細かな気配りを感じた。

「僕」を「私」と入れ換えると手紙全体から女の子が書いたような印象を受けた。

教団外部の一般人である私にもよくわかるように、教団にいた頃の話や支部活動の様子などいろいろなことを、詳しく説明してくれた。

文通をしていくうちに、私はそんな中村君を幼馴染みのように感じるようになっていった。

その頃に中村君から来た手紙を紹介していこう。

副校長の手引き

林泰男さんが「元信者のNさんの教団時代」について中村君に尋ねたとき、中村君は私のことも聞いていたようだ。Nさんをカウンセラーだと信じ、過去の傷に塩を塗られた私の気持ちを、中村君は深く理解してくれていた。

林泰男死刑囚の情報を手に入れるために、Nさんはカウンセラーの職務のなかで聞いた話を私に無断で刑事被告人である林さんに伝えた。そのことを中村君は本当に驚いていた。

また、第一章で紹介した私の全寮制高校時代の話を手紙に書いたのだが、中村君からの反応は驚くべきものだった。

返事によると、中村君も全寮制の高校に通っていたそうだ。そして驚くべきは、そのときの副校長が「オウム神仙の会」の信者で、自分の高校の生徒がオウムへ出家する契機となったようだ。中村君以外にも、この高校を卒業した複数の生徒がオウムに出家し、後に逮捕されている。

この「副校長」がいなければ、中村君たちはオウムを信じて出家までしていただろうか?

2004年4月19日

今回の内容を読むと友香さんが本当に気の毒で涙が出るくらいでした。

Nさんの話も酷いけど……中学生の頃の話も涙・涙です。

友香さんと僕と、そんな年齢が違わないのですが、今の学校ほど風紀の乱れがなかったので、その話には、余計に驚きました。

結婚して子供を産んだ後でもフラッシュバックが起きるぐらいですから、よっぽど深い心の傷になっているのでしょうね。本当に……。しかしNさんは、その話を、そういう形で話すなんてデリカシーに欠けるだけでなく宗教者としてのみならず、林さん（泰）の手紙を売る以上に許せないな。

神父さんだって信者から告白された事は、他人に漏らさないのが当然の義務だし、精神科やカウンセラーだって、同様の職業倫理を持つのが当たり前なのに……。ヒドイ。ひどすぎる！

全寮制高校の話しがあったけど、やっぱり全寮制高校の学校は、似ているんだなぁと思いました。

僕も一年の時、何度辞めたいと思ったことか……実際、逃げた人は、毎年いましたが、僕も辞めたら両親が悲しむだろうと思って、なんとか踏みとどまったけど、家族へのそういう思いがなかったら辞めていたと思う。

しかも僕の場合、全寮制の定時制だったから、より厳しい生活だったしね。

Oさん（教団元信者）は、全日制だけど同じ高校の下級生だった。それと僕の高校の副校長はオウム神仙の会の時に入会していてシャクティ・パット（麻原が額にエネルギーを注入する儀式）も受け、僕の出家の際に家に来て親を説得。その後、副校長先生は、「狂気の集中修行」にも参加していたんですよ。その後、宗教法人になった頃に脱会してしまったけど。副校長が入会するぐらいだから、僕の高校から入会者が多いのもわかるでしょ。こういう抑圧的生活は、心に傷を作りますよね。

次の手紙は、私が雑誌で見た「オウム組織幹部図」は間違っているのではないかという質問に対する返信だ。

2004年4月下旬

「組織幹部図」は、僕も見ましたよ。

やっぱり刑の重さでピックアップされてしまうのでしょうね。

法皇官房だって第一は、I君だけど、第二は、Nなのに。

僕は、一応、自治省の第一次官だったけど、7月には、第七プラントに入るということで自治省から離れたし、その後もコルヌーコーピアという会社（翻訳・アニメーション・警備・お好み焼き屋さん）を作ってやっていて自治省には、ノータッチになっていた。表向きは、自治省次官になるかもしれませんね。


雑誌に載っていた「組織幹部図」は、事件の解釈をミスリードしかねない代物だったようだ。

鈍感と多感

次に載せたのは、私の法科大学院進学を応援してくれる手紙だ。
中村君は私の将来を心配し、わざわざ法科大学院の本を読んでくれていたようだ。

2005年6月12日

少し前のロースクールの司法試験の合格率がニュースになっていましたね。今回は、今まで弁護士を目指して何年も勉強してきた人etc2年制のほうの初テストだから、これで48パーセントということは、今後は30パーセントくらいになりそうだし、学校による格差も大きくなっていきそうですね。神戸大学の65パーセントと神戸学院の0パーセントとなっていましたね。

法科大学院の本は、いくつか読んでいると思うけど、僕も先日『法科大学院』という平凡社新書の本を買って読んでみました。確かに定員割れの大学だと5年後の見通しで許可を取り消される大学もあるらしく、もし取り消されてしまって、その大学院卒だと司法試験の受験資格も取り消される可能性があるから気を付ける必要がありますね。

次に紹介するのは、家族で北海道旅行に行ったことについて書き、北海道で買ったポストカードや切手などを同封した手紙への、中村君からの返事である。教団時代・支部活動時代が書かれていた。

教団にいた頃の中村昇受刑者は、ワーク、ワークで睡眠時間はおろか自分の修行時間もほとんど取れなかった。オウムに入信する前も定時制の全寮制高校に通っていた彼は、朝早くから夜遅くまで学校・仕事・雑務に追われ、睡眠不足と人間関係などから来るストレスも多く、初期の頃の教団より大変だったようだ。

その時代を振り返っているわりに、手紙の調子は拍子抜けするほど穏やかだが、それは中村君の性格から来るものだろう。

教団にいた頃の中村君は「温熱療法」の修行で51℃の熱湯に入ったことがあったらしい。

ここまでの高熱だと命を落とす者も出るはずだ。しかし中村君は、そんな高熱の温熱修行のことすら「アチチ……だったよ」と表現するので、私は心底驚いた。

彼らは、そもそも自分の「被害と不快」に鈍感すぎるのではないか？

中村君はとりわけ他者に対する攻撃性や「怒り」と「恨み」などの感情表現が薄いように思った。高校時代から長年続いた抑圧的な生活が多分に影響しているのかもしれない。

私は自分と彼らの違いについてよく考えるのだが、逮捕者の多くは我慢強さが仇になったように思うのだ。

2005年9月18日

お手紙ありがとうございます。切手とポストカードまで送ってくれて本当にありがとう。本当に色々気を使ってくれてありがとう。

日中の暑さは、けっこう厳しいけど朝晩は、秋を感じられるようになったし、今日は中秋の満月ですね、(十五夜)。天気は良いので、月が見えたらよいのだけど、この部屋からは、いまいち見えにくいから、見るのは無理かもしれません。

お月見をしながら、娘さんと一緒に月見団子でも食べていますか？

北海道の話がありましたが、北海道は、良いですね、今の季節は最高だろうね。

僕は、札幌支部には何度か行ったけど、空港から札幌支部の往復がほとんどで、一度青森の信徒さんだった方の家に行った後に夜行で札幌に行っただけですが、お話を聞いていると函館にも寄っていけばよかったと思いました。せっかく北海道に何度か行ったのに、少しもったいない事をした気分（苦笑）けっこう色んな支部を飛び回ったので、色んな地方に行ってるのに、その場所ごとの自然などの美しさや良さを感じることなく過ごしたのが残念でもったいないことをした気分になりました。やはり、あの頃は、感受性というものを失っていたんだろうな～と、つくづく思いました。

網走刑務所は、漫画や小説でも有名なので悪名だけは知っているけど、博物館などもあるというのは、びっくりしました。

北海道といえば千春もなつかしいですね。

千春といえば宗男さんも連想しますが、前に近くの房（東京拘置所）だったこともあって、ちょっと親近感もでてしまいました。

「千春」とは、北海道出身の歌手・松山千春さんのことで、「宗男」とは松山千春さんと親交のある北海道出身の鈴木宗男元衆議院議員のことである。鈴木元議員が東京拘置所に収監されていたのは2002年から2003年にかけてのことだ。

オウム事件の死刑囚・受刑者が拘置所にいた頃、中村君以外の死刑囚も時々、房の中の有名人の話を手紙に書いて送ってくれた。鈴木元議員の他にホリエモンの話題が出たこともあった。

彼らのように長期にわたり拘留されていると、房のなかの有名人を、チラリと見る機会もあっただろう。

拘置所の中でお互いに顔を見て「あ！　アイツだ……」と思い合ってる姿を想像すると、不謹慎ながら少しおかしかった。

PTSDへの思い

次の手紙をやり取りする前に国内外で大きな地震が起き、また尼崎の脱線事故が起こった。

一つ前に私が送った手紙で、私が地震のこと、そして脱線事故があったのと同じ時間に、路線こそ違ったが、その近くをたまたま通っていたことを書いたのだが、中村君はその返事の中でPTSDに言及している。

2005年9月12日

お手紙ありがとう。今回、ぶあつくてうれしいです。

最近、ほんと地震が多いですよね。僕は、大地震の経験は、少ないので地震ごとに心配になりますが、そういう（筆者からの手紙の内容）恐怖は、感じないから関西にいた友ですら、そういう状況なら神戸で阪神淡路大震災に直面したPTSDというのは、僕が感じている（想像する）以上に深刻なものだったんだろうと改めて思いました。9・11の米テロにあった人のPTSDもそうだし、A事件の被害者の方々のPTSDも……と連想してしまうと、本当にいろいろ被害者の方々を思い考えさせられることがいろいろありました。

5・22尼崎・JRの事故は、本当に悲惨な事故だし、友や家族が乗っていなくて本当に良かったと思うけど、いろいろなことを考えさせられる事故でした。

そして亡くなった方々や、その被害者の遺族の方々の苦しみ悲しみの大きさを考えてしまうけど、幸い助かった人たちのPTSDも大変だろうね。そのPTSDを思うとき、地下鉄サリンの後、その地下鉄に乗った人たちのＰＴＳＤや、たまたま乗らなかったけど、その後に乗る人たちの不安についても考えさせられました。

これ以外の手紙でも中村君はたびたびＰＴＳＤについて書いていた。

いま思うと、まだはっきりと言葉にできない彼の深い心の傷が手紙に表れていたのかもしれない。

私が手紙に、インフルエンザの集団感染の危険性などを書いたところ、ボツリヌス菌など教団が関係したことにも触れ、中村君からは国内でのテロを心配しているとの返事が届いた。

2005年11月中旬

鳥インフルエンザの情報は、ありがとう。ここにいるとあまり実感がわかなかったけれど、致死率が50〜70%もあるっていうのは、びっくりだし、改めて恐ろしいインフルエンザなんだと認識しました。

インフルエンザは、患ったことがなく、あまり気にしていませんでしたが、これからの季節は、本当に気を付けてくださいね。

今のうちに免疫力をアップする生活習慣を身に着けるなど、インフルエンザは、型が変化しやすく種類も多くワクチンもきかない時もあるとのこと、どうぞ免疫力をアップして体を大切にしてくださいね。

もともとインフルエンザは、直接ウィルスを感染させても8人に1人しか発症しないという研究もあるそうで、個々の免疫力の差が大きく影響するようですね。

ただ日本は、欧米に比較して今まで感染症よりガンとかの研究に力をいれてきたようですが、こういう感染症に対して、細菌テロ対策なども遅れているのも気になります。

中村君は、こちらが書いた内容の一つ一つを取りこぼさず、細やかに返事を書いてきてくれた。また言葉選びの感覚も同級生のように自然に感じられ、私もやり取りがしやすかった。

2004年7月19日

今年は、猛暑ですね〜。水不足とか農作物が気になりますね。夏休みは、PTAのプール当番とか町内会などいろいろな用事があるのではないですか？　夏休みは、行事がたくさんあると思いますが、どうぞ熱中症や夏バテに気を付けてくださいね。

蓮の花のポストカードありがとう。蓮の花は、綺麗だね。蓮と言えば埼玉県の行田市に「古代蓮の里」というところがあって1400年〜3000年前の蓮の種類である古代蓮とかインド蓮など40種類もあって綺麗みたいですよ。千手観音の話は、本当にありがとう。僕や被害者の方々へも祈ってくださり本当にありがとうございます。心から感謝します。

スイカ割りの話は、いいですね！　スイカ割りなんて中三にしたのが最後だし、海で泳いだのも、それが最後だし。

それで教祖がメロン好きという話題は、僕もテレビで聞いたけれど、教祖は、メロン好きというより果物好きという感じだったけど。メロンを食べているところは、あまり見たことがないなぁ。一緒に食べたことはあるけど。94年頃から「種のある果物は買うな！」って言い始めていたしね。ダラムサーラで「私は、バナナが一番好き（ゴリラと同じで（笑））って言ってたし。その影響で出家信者のお供物（食事）は、必ずと言ってよいほどバナナ付きだったしなぁ。昔は、スイカとか桃も好きみたいで、一度ある人物が100%ピーチジュースを一箱買ってきて教祖に渡したことがあって「こんなことでワシが騙されると思っているのかな〜」と逆切れしていたことも。

教団にいると共依存に陥りやすいという指摘は、その通りだと思います。「指導してあげなきゃ」的な面は、僕にもあるだろうね。それは長く師という立場で指導する立場にあって、また指導して欲しいというような人がAにはいってきていたからね。そういう、おせっかいが、押しつけとなり、ポアというところにまで行ってしまう心の働きの「因」でもあっただろうから、この辺の思考は、見つめなおす必要があると思います。傲慢さと卑屈さが僕を含めてAの幹部や出家信者にありがちという面は、教団の中では、本当の親友とか横の繋がりが持ちにくくて、縦社会の典型だったけど、逮捕されて教団の頃は上の立場だった人間とも今は上下でなく対等に話せるようになってきています。

では、また残暑厳しいので体には、きをつけてくださいね。

2005年7月2日

お手紙ありがとうございます。今回も写真いっぱいの手紙でうれしいです。一の谷って、こんな美しい滝や自然があるんだね。知らなかったよ……。

これを見るといってみたくなりますね！　高知県といえば、小学校の時に、1週間のサマーキャンプに参加した時と、教団にいた頃、高知支部に何度か行ったことあるけれど、特に教団にいた頃は、こういう場所に目を向ける事さえなかったから……で、やはりもったいない事をしたと思いました。けっこう全国旅をしているのに、駅から支部の間ぐらいしか目をむけなかったものね。つくづく教団にいた頃は感受性を失っていたと思いました。こういう写真の手紙を、本当にありがとう。

中村君の手紙には季節の挨拶とともに、ほぼ毎回といってよいぐらい、事件への思いが書かれていた。

2006年3月14日

こんにちは。今日は、ホワイトデーですね。僕が東拘に移ってきたのが平成8年3月14日なので、ここの生活も丸10年が過ぎ11年目に入りました。2月から3月にかけて假谷さん、今月の20日は地下鉄と、とても深刻な思いとなる月ですが、遺族の方々への苦しみの減少と被害者の方々への、ご冥福を祈り、心を見つめて過ごすつもりです。明日は、満月ですが少しでも被害者の方や遺族の方々への贖罪になるように思っています。

お彼岸も近く、春は、間近ですが、どうぞ体調に気を付けてくださいね。

中村受刑者の体調の悪化

次の手紙では、それからずっと中村君を悩ませることになる体調不良について書かれている。拘置所にいるときから少しずつ、中村君の身体には異変が起きていた。

私ははじめ一時的なものだろうと思っていた。しかし罪悪感と後悔が深まれば深まるほど、中村君の体調は悪化していったのだ。

2006年7月30日頃

お手紙ありがとうございます。今回も盛りだくさんの内容に、月や懐石料理のポストカードありがとうございます。

最近は、夏本番となってきましたけど元気ですか？　土用の鰻でばっちりかな？（笑）

娘さんも夏休みにはいり忙しく大変だと多いますが、どうぞ楽しく充実した夏休みを過ごしてくださいね。お手紙は、ちょうど1週間前に届き、もう少し早く返事を書きたかったのだけど、あれからずっと熱が続いていて（朝には下がるのですが、夕方になると37〜38・5まで上がって別に頭痛やのどの腫れもなど風邪の症状など全くないけれど38度を超えると少し寒気がします）返信が遅くなりごめんなさい。少しぼーっとしてしまうのと、もう3か月続いており体力が落ちてしまってます。診察は受けているけれど原因不明で……。そういうことで内容が少し薄くなってしまうかもしれませんが、お許しくださいませ。

ここは、38度を超えないと横臥許可が出ないので……。

次に紹介する中村君からの手紙で、私は初めて、冬至に「ゆず湯」に入る習慣を知った。

2004年12月24日頃

メリークリスマス。

お手紙ありがとうございます。昨日は冬至で一年で一番日の短い日。日の出の少し前に起きるようにしているのですが、この時期は、やはり少し起床が遅れてしまいがちです。冬至といえば、ゆず湯だけど、ゆず湯には、もう約23年はいってないなぁ。どうぞ、ゆっくりゆず湯に入って温まって普段の疲れを、ほぐしてリフレッシュしてくださいね。そしてカボチャなどビタミンAなどをとって、年末年始を元気にお過ごしくださいませ。ここは、ゆず湯どころか、お風呂もロクにはいれないですが、カボチャは出ました(笑)。

今年の冬は、温かく過ごしやすいので例年より楽でもあるけれど、異常気象なども気になりますね。今年の日本の世相を象徴する漢字の一位に選ばれたのは「災」らしいけれど、来年は、良い年になるようにと思います。

手紙はいつもながら穏やかな調子で書かれているが、次に中村君がゆっくりお風呂に入れる日は、いつ来るかもわからない。

このように、中村君の手紙には季節を感じさせる話題が多く、私は日本の四季や自然、季節の野菜などを見ると中村君を思い出すようになった。

私が日頃「当たり前」に受け取っている風景は、彼らにとっては「次はいつ見るかわからない」風景だ。だから本当は、私たちにとっても「当たり前」など、なに一つとしてないのではないか。

私はいつしかそう考えるようになっていた。

人生の寒空の下、面会時間は冬至の日差しのように短い。

しかし私にとって、中村君からの手紙や面会は、なぜか「ゆず湯」に入ったように無防備で心温かな気持ちになれる時間だった。

そんな時間の積み重ねが、私が中村君の身元引受人になった理由の一つだろうと思う。

彼らオウム死刑囚・受刑者とやり取りをするとき、私の頭には彼らだけでなく、いつも一連のオウム事件で亡くなった方々のことがあった。

彼らが加害者にならなければ、被害者も出ていないのだ。「加害者になる人間」を生まないためには今後どうしたらいいのか。私は加害者になってしまった彼らとともに考え続けた。

中村君に「麻原を恐れながらもピーチジュースを渡した人の心境」について尋ねたことがあ

る。その問いに彼は
「彼が麻原を恐れていたのは事実だけど、それ以上に教祖に近づきたい、認められたいという自己顕示欲が、すごく強い人だったから」

と答えてくれた。

それを聞いて私は、人間の本質は脱会しても変わらないものなのだと知った。オウムの元信者のなかには、脱会後もマスコミや世間にアピールし、自己顕示欲を満たしているだろう人がいる。

しかし、恐れていた教祖にまでピーチジュースでごまかそうとする人間たちの言葉に、果たして真実があったのだろうか。

私は、あの事件の引き金の一つは「自己顕示欲」だったようにも思える。

また同時に「沈黙」を貫いた死刑囚には、ただ黙っている以上の価値があったのだと考えるようになった。

第五章
早川紀代秀と3畳一間20年

同じ大学の先輩

Nさんをきっかけに始まったオウム事件の「加害者」たちとの交流は、林泰男、中村昇、そして早川紀代秀へと範囲を広げていった。

早川紀代秀は神戸大学農学部を卒業した。つまり私にとって、同じ大学の遠い先輩にあたる。自分の母校から死刑囚が出たことが非常にショックだった。

早川さんは大学を卒業後、オウム入信前には大手建設会社に勤務していたこともあった。社会人経験のある大人までが、なぜ事件に関わってしまったのか？

「武闘派」と称されるなど、早川さんの報道は事件当時何回も目にした。

それに私にとって早川さんは「不肖の先輩」である。生まれた場所も近く、なんとなく気になる人だったが、やはり私から手紙を書くことなど全く考えていなかった。

早川とのやり取りを紹介する前に、知ってほしいことがある。

事件当時、テレビや雑誌では連日のようにオウムに関する報道があった。そこで早川紀代秀の顔を見て少し怖い印象を受けた人も多いだろう。しかし私が出会った彼は全く印象が違ったのだ。

早川さんと面会したときの印象を家族に話したことがある。

「ネットに残ってる当時のニュース映像の印象とは全然違うわ。あれは、やはり事件を犯した罪悪感もあるし、隠匿しないといけなくてかなり無理してた時期だと思った。実物は全然違うわ」

それを聞いて、夫は首をかしげる。

「えー、そう？　いやアレを見たら、ちょっと怖いオッサンって感じがするけど」

夫の話ももっともだが、私は自分の感想をきちんと伝えた。

「いや、違うって。その頃は会ったことないから知らないけど。本当に同一人物と思えないぐらい違う。大らかでユーモアもあり朗らか。全然怖いオッサンじゃない。人間はここまで雰囲気が変わるものかと思った」

早川さんに限らず、彼らと実際に面会してみると、マスコミの報道から受けていたのとはみんな印象が違った。「百聞は一見に如かず」の言葉のとおりだ。メディアリテラシー（報道を鵜のみにせず検証する視点）を養う必要性を痛切に感じた。

私と出会ったとき、彼らはその8年前には教団から離れ、事件を見つめ直し贖罪を重ねる日々を送っていた。逮捕後、3畳の独房と裁判所の間を往復するだけの生活が、すでに教団にいた日々より長く続いていたことになる。

テレビの画面を通じて「ちょっと怖いオッサン」に見えた頃の早川さんは、もしかしたら実際に、表裏のある「怖いオッサン」だったのかもしれない。

しかし私が出会った頃の彼らは、もちろん早川さんも「狂信者」から脱して素顔の人格に戻っていた。

だから、面会していて最も心苦しかったことは、彼らの「死刑囚」という立場と、普通の人より優しいくらいの彼らの素顔とのギャップだった。

「早川さん、なぜ事件なんかに関与してしまったんですか。本来あなたは人を苦しめたり傷つけたりする人じゃないでしょう。なぜ思いとどまってくれなかったんですか！」

私は面会のたび、心の中でそう叫んでいた。

早川さんとの交流の中で特に印象に残っていることがある。

それは面会の最中に早川さんが言ったことだ。

「友香さん、大変お世話になってありがとう。今後も何かあって、わしの手紙で役に立てるようなことがあったら、そのときは、なんぼでも好きに使ってや」

そんな話を切り出してきたのは早川さんだけだ。

当時の私は、なぜこんなことを言うのだろうと不思議だった。

彼らの多くは、被害者の心情への気遣いや家族に対する気持ちなどから「自分の名前が出ること」そして「手紙が人目に触れること」に敏感だった。状況は異なるが、Nさんのことを思い出すと私にもその気持ちは十分に理解できる。

だから当時は早川さんのこの言葉は異例だった。このときの彼の言葉は私にとって、「手放す」ことについての考察を深める大きなきっかけになった。

早川紀代秀からの手紙

林さんや中村君、そして他の死刑囚たちとの文通が始まってから、早川さんについても「どんな人だろう」と興味はあったが、なかなか手紙を書くには至らなかった。

きっかけになったのは林泰男だった。早川さんの著書『私にとってオウムとは何だったのか』を読んだ後、林さんに面会した際に「早川さんって、どんな人なのかな。本を読んでみて、とても良かったけど」と聞いてみたところ、「手紙を書いてみたら？　普通に返事が来ると思うよ」

と自然な答えが返ってきたのだ。

それから私は早川さんに仏教関連の書物などを添えて、著書を読んだ感想を書いた手紙を送った。早川さんはその頃、例のNさんについての注意喚起がきっかけで私のことを耳にしていたようだ。

早川さんとの文通は「早川紀代秀」という漢字を「早川紀世秀」と間違えたところから始まった。

早川紀代秀死刑囚から筆者への手紙　2004年5月26日

前略。この度は、お手紙ありがとうございます。私の名前が一字違っていたことなどぜんぜん気にされることはありません。実は、時々代↓世になるのです。それもきまって女性の方から（笑）。

後に何度か文通するうちに私にもわかったのだが、この初めて私に書いた手紙の中で早川さんは、本当に「自分の名前の漢字間違い」にこだわっていたわけではないのだ。

逮捕後、早川さんは心の底から、自身が事件に関わるに至った「宗教的あやまち」を猛省していた。

彼は、教団が事件を起こす前にも何度か「おかしい」と感じたにもかかわらず、盲信の道を選択してしまった反省から「過ちを看過してしまう」ことに人一倍敏感になり、私の漢字間違いにも訂正を入れざるを得なかったのだ。

また、「絶対視」が自分の道を誤らせた反省から「わからないこと」に対しては素直に「わからない」と率直に答えることも特徴的だった。

2004年6月1日

（略）『ミュータント・メッセージ』読まれましたか。それは、良かったです。この本は、もう7・8年前になりますが、読んだとき非常におもしろく感じ、こういう類の（体験記？）では珍しく2度読みし、深く印象に残った本なのです。アボリジニの文化とゾクチェンは、どちらも非常に古い教えであり、同じような瞑想テクニックがあると中沢新一が言ってましたね。例えば青空をじっと見つめる修行は、アボリジニの文化にもあるし、ゾクチェンにもあるということでしたね。どちらも太古の失われた極めて高い霊的文化の流れを受け継ぐものではないかというのが中沢新一の考えのようでしたが。私も、それはそうだろうと思います。アボリジニが太古の霊的文化を今なお生き続けている民族であることは、周知のことですが、ゾクチェンもまた遥かな昔より、宇宙的な拡がりの中で、脈々と伝えられてきた真理の流れであるように思います。

今こんなことを言っていますが、教団にいたころは、チベット密教といっても『虹の階梯』ぐらいしか読んだ事がなく、アボリジニにいたっては、オーストラリアまで行きながら「褐色の肌に金髪？」ぐらいしか思っておらず（知識がなく）はなはだもったいないことをしたと思っています。（略）

私たちが出会う発端となった元信者Nさんについては、早川さんも呆れていたようである。

（略）しかしNは、けしからんね。まったくNやTは、「ええかげんにせよ。」と言いたくなります。Nさんには、気を付けるようにしないといけませんね。幸い私には接触ないです。（今までのところは。）教団を脱会してるのに、一体何をやってるんだ……（略）

著書『私にとってオウムとは何だったのか』

早川さんに手紙を出した直接の理由は、既に読んでいた『私にとってオウムとは何だったのか』（早川紀代秀・川村邦光著）の内容について聞いてみたいことがあったからだ。

時系列に沿ってわかりやすく説明したこの本は、私にもとても参考になった。

その中に師弟関係の「共依存」についての記述がある。それを読んで私は、事件や犯罪とは関係がなくても、自己否定感から生じる承認欲求など「やめたくてもやめられない」他の依存症にも通じる仕組みがあると感じるようになった。

なぜ「自他ともに幸せ」になることが目的だったはずの宗教が「自他ともに苦しめる」結果になってしまったのだろう。

早川死刑囚が「辞めるに辞められず泥沼にはまってしまった理由」を私は面会で質問したことがある。その答えは『私にとってオウムとは何だったのか』に書いているとのことだった。

オウムの誤りは、悲惨な多くの事件をおこしてしまったことであることは、言うまでもないことですが、では、どうしてそういう事件を起こすに至ってしまったのだろうか、その内的必要十分条件はなんだったのだろうかと考えてみるに、それは、グル麻原が自分は人類のカルマを清算する地球規模の救世主であるという救世主幻想とでもいうべきグル幻想（グルのグル幻想）をいだき、それを私達も共有してしまったこと（弟子のグル幻想）、これがオウムの間違いの根本ではなかったかと思います。

こうしたグル幻想（グルのグル幻想と弟子のグル幻想）を持ったがゆえに犯罪に走ってしまったのであり、こうしたグル幻想がなければ、オウムの凶悪犯罪は起こらなかったのではないかと思います。（『私にとってオウムとは何だったのか』p.211）

（略）

また、なぜ弟子たちがそういうグルのグル幻想に巻き込まれていったのかといえば、それは自分のグルは、世界で一番偉大なグルなのだ、なぜなら自分のグルなのだから、という心の働きがあったからだと思うのです。こうして、グルも弟子達も、世間一般の現実が見えなくなって、一種の宗教的幻想の中に生きるようになり犯罪を犯罪とも思えなくなっていったのです。（同前p.212）

（略）

幻想の中で自分を救済者であると特別視し、エゴを喜ばせるという過ちも犯しました。また、もともとめざしていたエゴを滅し、グルに全てを明け渡すという行為のなかに、すでにエゴとして〝自ら認めた権威〟が育っていたことにも気づくべきでした。本当にエゴを滅するためには、その自分の認めた権威すらも滅していかなければいけなかったのです。（同前p.213）

（略）

私達は、もともと、自己（エゴ）を否定し、グルへ自分を全面的に明け渡す道を歩んでいたのですが、そういう私達の心の中では、否定した自己に代わってグルが育っていました。しかし、そのグルは自ら認める権威として育っていたのであり、それは、とりもなおさず否定したはずの自己（エゴ）に育てられた、変形した自己（エゴ）だったというわけです。（同前p．140）

早川さんと文通を始める頃には、すでに林さんや中村君と文通も面会もしていたので、「オウム事件の加害者」に対する緊張感はだいぶ和らいでいた。そこで、少し突っ込んだ内容だったが「今の師匠は、どなたですか？」など現在の信仰心について気になることを質問した。

2006年2月13日

（略）師匠は、ブッダです。逮捕されてからの半年間は、まったく修行についてはしていませんでした。朝から深夜まで取り調べでしたし、心理的にも修行できる精神状態ではありませんでした。この間の絶望というか奈落の底につき落とされたようになりました。このことについては『私にとってオウムとは何だったのか』のp．202に少し書いています。

私は、95年4月に逮捕されたのですが、9月には重大事件の自供が終わっていたこともあって私本の差し入れや家族との面会が許可されました。ですので、このころから少しずつ宗教関係の本を読み始め、11月ごろからは、取り調べも少なくなったことから、ぼちぼち修行を始めています。この時に始めたのがトゥンモの行です。でもこのころは、ただ時間が早く経ってくれるという効力ぐらいしかありませんでした。（略）96年の秋ごろからですかね。甘露が落ち始めたのは。それ以降、年々強烈になっています。（略）というわけで喜悦を日常的に体験出来るようになるまで一度絶望の淵に墜ちています。（略）

自分がしてきたことを振り返ったときの早川さんの「奈落の底」を想像すると、いたたまれなくなった。

2006年9月21日

（略）松本被告の裁判確定してしまいましたね。いずれはそうなることは間違いないのですが、こういう形での確定は残念です。世間では当然と受け止められているようですけどね（苦笑）

そろそろクーラーが切れる季節となって嬉しいです（笑）。お身体を大切に元気におすごしください。

事件当時、早川さんについて「北朝鮮への渡航」がゴシップ記事になっていた。

そこで何度か早川さんと面会をした後、思い切って手紙で尋ねてみた。

「早川さんって、北朝鮮となんか関係あったんですか？　そう言う人、多いみたいですが……」

2006年12月5日

（略）私と北朝鮮の関係ですか？　まったくありませんよ。キエフ経由はもちろんどんな経由でも北朝鮮に行ったことはないです。なんか、ひつこく（※ママ）そういうことを言う人がいるみたいですね。「〇」の××さんも面会に来られたとき、そのことを聞かれて「行ったことがない」と答えたら驚いていました（笑）マスコミ関係者のなかには、まことしやかに私のパスポートには北朝鮮の入出国印がたくさん押されているというのがいるみたいです。まったくのガセですね。北朝鮮どころか韓国へも行ったことがありませんし、ロシアではモスクワを出たことがありません。（モスクワおよびその近郊以外行ったことがないということ）行ったことがないだけでなく北朝鮮の人と接触したこともありません。まったくのガセです。さすがに公判では、そういう話は出ませんよ（笑）。長官事件と同じ類の話です。資材を仕入れたこともなければそうしようと試みたこともありません。残念でした（笑）（略）

華やかな面会室

「若者」が多いといわれたオウムの中で「大人」だった早川さん。

年齢だけでなく振る舞いの面でも、私は彼を「大人の男性だ」と感じていた。

その理由の一つは褒め上手なことだ。

私はお洒落が好きで、普段から同じ人と続けて会うときは同じ服を着ないように気を配っている。そんな私の趣味を察して、面会時の服装のことを手紙に書いてきてくれたり「華やかだ」と褒めてくれていた。

「派手」という言葉は時にネガティブにも聞こえる。

そんななか、早川さんには「派手」という表現をうまく避け、「華やか」というポジティブな表現をさりげなく使える気配りがあった。

そんな相手の価値観に沿って話ができる様子を見て、教団を脱会していることがありありとわかった。

2007年10月24日

前略。先日は、面会3連チャン、どうも有難うございました。

いや〜、楽しかったです。何を着ても似合いますね。3日間とも衣装（ちょっと古いな（笑）ファッション違いましたね。すばらしい限りです。
本も「イリュージョン」「君がどうかい」「無と人間」「虚無の微笑み」届きました。
どうも有難うございます。

教団にいた頃は強面《こわもて》、怒りっぽいという印象があったのかもしれないが、私が出会った早川さんは礼儀正しい「温厚なオッチャン」だった。

私が3畳の独房に拘禁されたとしたら、面会に来てくれた女性に気の行き届いた褒め言葉をかける余裕が果たしてあるだろうか。

しかしそれは、人を苦しめた深い悔恨から出た罪滅ぼしの一端であったようにも思う。

もうこれ以上人を苦しめることがないようにしたいという切実な思いは、自らの前に立ちはだかる「死刑」という現実より大きなものだったようだ。

死刑囚と会うことで私の気持ちが暗くならないように……面会に行くたびに、そんな彼の温かい心と気遣いを感じていた。

第三章で、藤原新也によるオウム真理教のルポタージュ『黄泉の犬』を林泰男死刑囚に差し入れたことに言及したが、この本は早川さんにも同じく差し入れた。

2007年2月6日

前略。先日は、面会有難うございました。パーと面会室が華やぎますね。大変楽しい面会時間を過ごさせて頂き感謝です。するめイカ缶詰・花1つ届きました。どうもありがとうございます。『黄泉の犬』どうもありがとうございます。××さんが月刊△△に連載中の「○○」でこの『黄泉の犬』について取りあげていましたね。ちょうど彼に手紙を出すついでがあったので、私の誤情報について書いておきました。第一章を読み終わりましたが、なかなかおもしろいですね。藤原新也さんという人は、ものごとをちゃんと見られる方だなぁと思いました。ただし私の名前が2カ所でてきますが、一応説明しておかないと思いましたけどね（笑）。

まず、50ページの「そして早川ノートにはオウム教団の総決起は11月……」というところですが、これは岐部ノートの誤りです。警察が間違ってマスコミに流したので、著者の責任ではないですけどね。マスコミにも岐部ノートより早川ノートの方がインパクトがあるとでも思っているのかいっこうに訂正をしません（笑）。私は前途のようなことは書いていません（略）大罪人が何を言うかと思われるかもしれませんが。

あ、もう1つ書くのを忘れてました（笑）もう1カ所は、75ページの「そして早川という男が教団に入ってきて智津夫の態度が急激に変わったということ」というところ。別に私が入ったからといって智津夫さんは、変わっていませんよ。裏のNo.2などというマスコミのいうことを真に受けてというよりも満弘さんも弟かわいさに事実が見えず、私を憎んで亡くなられたのかと思うとかなしくなりました。後はもう出てこないようなので安心して読めます（笑）。（略）

手紙に出てくる「満弘さん」とは、麻原彰晃（松本智津夫）の実兄・松本満弘さんのことだ。オウム裁判においては、元信者同士であっても事実を争う場面が多かった。そのような場面でも、早川死刑囚は自分が直接関係したことにしか触れなかったし、この文面からもわかるように、他人の内心に踏み入って批判するような内容を絶対に口にしなかった。

それもまた、早川さんが「大人」だったところである。

「元信者のNさんを含め、かつて自分もオウムにいた人間が、脱会した途端に〈断固オウム反対〉をさけび、自分を絶対的な立場に置きながら批判を始める姿に違和感を感じる」と私が手紙に書いたときには、こんな回答があった。

2006年10月8日

どちらも自己の見解を絶対視し、それを固守する、と言う点では同じものだと思います。特に私たちのようにオウムに絶対的帰依し、犯罪まで犯してしまった者が一転してオウム批判をする場合は、自己の帰依なり見解なりに固執するという特質をそのまま批判に向けるため頑な批判になりがちだと思います。

議論になった麻原の精神疾患

裁判が始まってから教祖の精神疾患が議論されたが、これが詐病か否かについて、インターネットに掲載されていた情報を印刷して送ったときの返信。

2005年12月21日

（略）HPから詳しく書いて頂いてありがとうございます。元軍医大尉の話、こんな人もいたのですね。（詐病か否かの話で）驚きです。もっともアメリカの小説などには、よくでてきますけどね。こういう人は（笑）情報では「訴訟能力なし」の方向に動きつつあるようだが……」とありますが本当でしょうかね。いつごろ結論を裁判所は出すのでしょうね。まぁしかしA（教団）がこういうことになるとは、夢にも思っていませんでした。もうすぐクリスマスです。よいクリスマスをお迎え下さい。と言っても、この手紙が届く頃には、クリスマスが終わってるかも知れませんね。それでは、また。どうぞよいお年を!!

文通や面会を通して私が出会った早川死刑囚は、すでに盲信から覚め、自然体を取り戻していた。それだけに「教団がこういうことになるとは、夢にも思っていませんでした」という一文から、教団にいた頃の早川さんが心の底から教祖を盲信していた様子をあらためて感じたのだった。

2006年10月8日

（略）遠いところ、面会ありがとうございました。カレーは缶よりレトルトカレーの方が良いですね。どうもありがとうございました。缶づめは、食事の前に開けてもらわないといけないのですが、カレー缶を開けたは良いが、官食もカレーだったということもなきにしもあらずですが。レトルトは、自分で好きな時に開けられますのでね。ずっといいです。そうビタミン入りの栄養補助食品があるといいのですけどね。以前VC入りの野菜ジュースが買えましたが、今はなくなりました。（略）

拘置所の独房はとにかく日当たりが悪い。それに3畳と狭いうえ、運動時間も限られている。彼らが過ごした23年間の独房生活を「宇宙ステーションにいるようだ」と表現した人もいた。そんな生活を長期間続ければ、病気になるのも当たり前だろう。

日が当たらない独房で長期間生活すると、ビタミンDが不足してカルシウムがうまく吸収できなくなるそうだ。自律神経失調から来るイライラや不眠、さらには拘禁症の原因にもなるという。

それぞれの死刑囚が健康を害している様子は、私にも間接的に伝わってきていた。

「○○は不眠症らしい」

という病状に関する噂から始まって、

「○○が死にたいと漏らしていた」

「○○は自殺未遂をした」

「○○は小さな物音も気になり始めているそうだ。かわいそうに」

私への手紙には他人を心配する言葉を書いていた死刑囚も、書いている本人自身が裏では苦しんでいた。

彼らが心身の健康を保って死刑執行の日を迎えられるか、私はとても心配だった。

早川死刑囚の贈り物

２００６年10月8日

（略）短歌もされているのですね。私からも一首。

〝眺むれば　人の心も晴れやかに　すみわたりたる　秋の大空〟（略）
挿絵気に入っていただいてうれしいです。娘さん、見る目ありますね（笑）（略）

2006年11月12日

（略）お手紙に、沖縄の切手と絵ハガキどうもありがとうございます。お礼が遅くなり大変申し訳ありません。来月下旬面会に来て下さるとのこと、ありがとうございます。お待ちしています。日程が決まりましたら、お知らせ下さい。俳句うまいもんですね。生活感ありますね（笑）

（略）私も彼（N）と文通しだしてから短歌や俳句を交換しましたよ。（略）


数種類の色鉛筆で美しく描かれた季節を感じさせる風景や花、かわいくてユーモラスな動物や干支。早川さんの手紙には毎回、そんな挿絵が描かれていた。

その絵を娘が楽しみにしていることを手紙に書いたところ、早川さんも喜んでくれたようだ。娘だけでなく私にとっても早川さんとの文通の楽しみの一つだった。

彼が描いていた風景は、おそらく教団にいた頃には心に留めることのなかったものだ。

この挿絵には、早川さんの「等身大の心象」が表れている。拘置所から他者への精いっぱいの贈り物なのだろうと私は感じていた。

「競馬の絵葉書」を使って手紙を送ったことがあった。早川さん相手に競馬のハガキを出す者などいないだろうが、たまたま絵葉書をもらったので、せっかくだから使ってみたのだ。そのときには次のような感想が返ってきた。

2007年8月8日

（略）競馬の絵はがき（笑）ありがとうございます。場外馬券場ですか、なつかしいね。建設会社にいたころ、土木技術部の同僚と一時期よく行ってました（笑）。土日のたびに、なんばの……（笑）。一回万場券とったことあるけど、ほとんど負けてばかり（笑）まぁ、あの雰囲気は一種独特です。（笑）阪神へは行ったことがありませんが、府中は、あります。「そのだ」の草競馬も正月に1回連れて行ってもらった事がありまます。草競馬の方が馬を間近で見れて迫力あるね。全然当たらず二度と行きませんでしたが（笑）競馬の話ですいません。宗教やる前（オウム入信前）の話なので。……後悔先に立たず！（笑）（略）

大阪の難波にはＪＲＡの場外馬券場がある。そこに集う人々は確かに一種独特の雰囲気の中、競争する馬を夢中で眺め、賭けの勝ち負けに必死だ。

早川さんもあの雰囲気の中で競馬をしていたと想像すると、「ギャンブル」と「宗教」のかけ離れたイメージもあって、なんだかおかしかった。

でも、競馬をしていただけなら、他人を傷つけ自分まで苦しめることはなかったはずなのだ。

懐かしむ風景

早川さんと私は育った時代こそ違うが、「懐かしむ風景」が似通っていた。

また私は当時、早川さんが卒業した神戸大学農学部の近くに住んでいたので、場所を説明すると「あぁ、あそこね！」とすぐさま反応してくれた。早川さんとの交流には、同郷であり同窓であることからくる気楽さ、そして関西弁同士の会話の気楽さがあった。

それはきっと早川さんも同じだったのだろう。もともとの人柄もあるのかもしれないが、面会時の朗らかでリラックスした雰囲気は、彼を「教団裏のNo.2」「武闘派」と評したマスコミの報道からはかけ離れていた。お互いの関西弁が飛び交う面会室の空気はいつも和やかだった。

気心が知れてからは、早川死刑囚にも教団内部のことを質問しやすくなった。

次の手紙は「丹」という食べ物について質問したときの返信だ。

2007年10月24日

（略）初期の頃、漢方の丹をよく作っていたのは知っています。道場建設（富士）の時や、その後の集中修行の時に、お菓子のように甘い丹がよく出ました。私も作るのを手伝ったことがあります（笑）。その後1989年12月のインドでの修行のときには、ものすごく苦い丹が大量に出ました。消化不良をおこして大変でした（笑）。でも麻薬は使ってませんでしたね。（略）

どうやらこの頃は、後に多くの信者を強制的に洗脳した、薬物を使ったイニシエーションが本格化していない時期だったようだ。

私が司法試験合格を目指し勉強を続けていた頃には、いつも親身な励ましの言葉を書いてくれていた。

2008年6月24日

（略）22日は、いかがでしたか？　しかしよく頑張られますね。日本は、司法制度改革で弁護士が急増するとは言うものの欧米に比べると弁護士1人あたりの国民数が、アメリカ285人やイギリス510人に対して、日本は5518人ですからね。まだまだです。法科大学院受けられたんですね。1カ月ほどの勉強で50点前後とは、たいしたものじゃないですか！　がんばってくださいね。

司法試験制度も、なんか改善されたのか改悪されたのかわかりませんね。おっしゃるとおり改悪ですね。（略）

だが、学費の高騰、司法修習生の給費が貸与制になるなど、受験生にとっては経済的に不安になる話が増えていくなか、私は、娘の将来の学費のことも考えて法科大学院への進学を泣く泣く諦めた。その後はカウンセラーの資格を取得し、講師などを仕事としたことは前述のとおりだ。

彼岸を見る瞳

早川さんは「諦観したような朗らかさ」を感じさせる人だった。

ある日、そんな早川さんが泣いている夢を見た。

——なぜだろう、早川さんが泣いている……何かあったのだろうか……。

心配になった私は、急いで夢のことを書いたハガキを送った。

早川さんからは、

2007年12月18日

（略）私が泣いている夢をみられたのですね。おハガキをいただいたのは、12月3日ごろでしたので、「何でだろう」と思い当たることがなかったのですが、実はその数日後（ブッダと同じ4月8日生まれの83才でした）まったく突然でいきなり（母の）死亡連絡（電報）がありました。父は、数年前から脳梗塞でリハビリの生活でしたが、母は大した病気もせず、ずっと父の介護をしていました。それがポックリいってしまいました。友香さんの予知夢ではないでしょうか。私の方は、何ら予兆も感じず、いきなりで何とも情けない話です。そんなわけで喪中ですので来年の年賀は、ひかえさせていただきます。（略）

12月×日が誕生日でしたか。遅ればせながら　Happy Birthday!!

ここに書かれている「早川さんの母親の亡くなった日」は、偶然にも私の誕生日でもあった。夢も含めて、早川さんが泣いている姿を見たのはこれが最初で最後である。

2009年4月5日

前略。先日は、面会ありがとうございます。また4・2にお花1束・かんろ飴1袋、ごませんべい1袋が届きました。どうもありがとうございます。祭壇にお供えした後、

頂いています。お花以外は（笑）（略）

最後の手紙をもらった頃までには、早川さんとかれこれ5年程、文通と面会を続けていただろうか。その間、前掲の彼の母親が亡くなった話、私の父が亡くなった話や、旅行の話、娘の成長や家族の話など、早川さんとの交流でもいろいろなことが話題になった。

彼らと交流が始まって、私は彼らのために自分に何ができるだろうという思いをいつも持っていた。

しかしある日の面会中に、彼らのために私にできることは「何かを為す」ことではなく「共に在ること」なのだと気がつくと、心にのしかかっていた重石がすっと消えた。晴れやかになった私の心は同時に「ただ在る」という永遠の時間の一欠片であるように感じられた。

それまで私は早川さんに面会に行くたび、彼に何をしてあげられるのか悩んでいたわけだが、会うと早川さんは冗談を言って和ませてくれ、むしろこちらの気持ちが明るくなり、ホッとしたのだった。

早川さんは朗らかな性格の一方、「罪人である深い自覚」はもちろんのこと「この世に対する諦観」までをも抱いていたように私には感じられる。

逮捕後に「奈落の底」の境地に至ったときから、彼は生きながらにしてすでに彼岸を見ていたのかもしれない。

私がなにか差し入れすると、早川さんのお礼には「お供えしてから頂きます」「お供えしてから頂くわな」という言葉が添えられていた。

どこに「お供え」するのか聞くと、彼は独房に小さな祭壇を作り、毎朝毎晩、事件で亡くなった方に供養の祈りを捧げていると語っていた。

罪を犯し、自覚した者にとっては当然なのかもしれない。

早川さんの場合はそれだけでなく、面会時の様子から、人間そして自分が「生かされている」ことへの感謝と、あらためて仏道修行の日々を送る真摯な姿勢をありありと感じるのだった。

「ワシの手紙は、なんぼでも好きに使ってや」

今にして思うと、いつかの面会で受け取ったこの言葉は、「再びこんな事件が起きて苦しむ人が生まれないように、ワシの手紙を使ってな」という願いを込めた、「私」を手放した早川さんの遺言だったのかもしれない。

あるオウム死刑囚の告白

「事件は、やりたくてやったのではない」

これは、とある死刑囚が面会時に語った告白である。

彼とのやり取りは、私の噂を聞いた彼が文通希望のハガキを送ってくれたことから始まった。やり取りの中での彼は「明るく親切で礼儀正しい人」の面もあり、事件が起こらず違う形で出会っていれば、私もそのような印象を持ったままだったかもしれない。

しかし当時の彼にはどこかしら、自分が犯したことを半身になってかわす姿勢があった。彼の「被害者に対する謝罪の仕方」や「自分との向き合い方」に私は疑問を持ったのだ。

「不都合な自分」を棚上げにし、向き合わないままでは、いずれ彼本人が苦しむことになるだろう。死刑執行が近づくほど逃げ場がなくなり、大なり小なり「現実」に追い詰められていくことになるだろう。そして目が覚めているときは「不動心」を装っていても、棚上げした自身の影は次第に強大な怪物になり、深夜に一人、悪夢にうなされることになるかもしれない。

本当は罪悪感もあっただろうし、薄々は麻原の間違いに気がつき始めていたはずである。しかし、その頃の彼の自我はそこから目を背けていた。

そして私はこの死刑囚との文通を途中でやめてしまった。


しかし、彼からの一通の手紙が今も私の心に残っている。

「男性性と女性性の違い」が教団そして事件の本質に関わっているのではないだろうか。第二章に書いたように、これは件のNさんからも感じたことだ。

この手紙は、麻原や事件に対しての思い、そして自身の中にある「破壊衝動」について、明確に言葉で説明してほしいと私から求めたときの返事だったと記憶している。

2006年7月下旬

（略）事件に積極的というか、これ！　と思った事に積極的なんです。独善的かと言われると、そうかもしれません。

しかし私の性は、義に殉じる事なんです。

男と女では、心の開き方、親交の仕方等が全く異なるのです。

女の人と同じように要求されても混乱してしまい答えるのは中々困難なのです。

たとえば「違い」とは、男は、傍らに女の人が「いてくれるだけ」で満足するけど、女の人は……ですしね。

正直、女性との付き合いが殆どないので苦手な面もあります。

別に同性愛者という事ではないけれどね。

よく分からないというのが実感です。

しかし何か責め立てられているように感じたりして、そういうの（質問に言葉で答えるように言われること）が苦手なのです。

今は、これで精一杯なのです。ですから何卒事情をおくみとりの上、悪しからずご寛容の程をお願い申し上げます。私自身は、できる限り誠実に対応していきたいです。

勿論、友香さん自身が、私を責め立てているわけではありません。

私を知る為に質問して要望しているだけです。その気持ちは、感謝しています。

しかし「男と女の脳の違い」があるのです。（略）

15年前にこの手紙を読んだ直後は「男と女の違い」を言い訳にしてうまくかわされたように感じた。しかし今は、一人の男性の率直な気持ちがここには書かれているように思える。


ブロックで遊んでいるうちに「組み立てる」創造的な行為より「壊す」行為に楽しみを見いだすようになる男の子も多いという。もしかしたら「破壊衝動」は男性の生来的な特質のようなもので、その理由を言葉で説明しようとすると混乱してしまうのかもしれない。

「少年」を「男」に変えるホルモンは、テストステロンという男性ホルモンだといわれている。何かの刺激でこの男性ホルモンが急激に増えると、興奮のあまり分別を失い、人でも動物のオスのようになるらしい。

オウム事件について同じように考えると、宗教法人申請中に教団内で起こった事故死の隠蔽や強制捜査への妨害などは、教団存続の危機が刺激になって麻原や側近が分別を失い、凶暴化した結果であり、それを繰り返すうちに狂気が加速していったように思う。

また、私自身が被害を受けた事件を振り返ってみると、事件を教唆した暴力自慢の女子は男性的エネルギーが過剰な状態にあったとも捉えることができる。彼女もまた何らかの自覚なき「混乱」の中にいたのかもしれない。

過剰になった性衝動の力は、外側に向けると他者否定や破壊衝動につながり、内側に向けると自殺や引きこもりにつながるともいわれている。

思春期は「男女の性（生命）に備わった特質や力の違い」に目覚める時期でもあるが、多くの子供はその力・エネルギーについて知ることも、また性の特性・エネルギーとの付き合い方を学ぶこともない。

死刑囚へと話を戻そう。彼は「オウム神仙の会」（オウム初期）に20代前半で出家しているが、そのとき麻原から「出家したら3年で解脱させて、その後は結婚してもよい」と約束されていたという。もし彼が結婚をしていたら、後に暴力的事件に関与していただろうか。

麻原は「3年で解脱させる」という師匠としての約束を守ることができなかった。ならば弟子の側も、理性で判断できたのなら、「認められたい」という思いから麻原を盲信する必要も、事件の片棒を担ぎ「義に殉じる」必要もなかったはずだ。

私には、彼らの抑圧された衝動のエネルギーが屈折し、麻原の暴力性や破壊性と共鳴してしまった結果に思えて仕方がないのだ。

死刑執行後、この遺された「男と女の脳の違い」の手紙を読むたびに私は、内なる女性エネルギーと男性エネルギーについて考えてしまうことが多くなった。

2018年3月の死刑囚移送後、端本悟と豊田亨の両死刑囚とは残念ながら連絡を取ることが難しくなった。ここではせめて面会や文通から感じた印象を紹介させてほしい。

端本悟死刑囚

端本君のことを思い出すと、本当に複雑な気持ちになる。

面会で会ったときの端本君の印象は「大学の体育系の部室のドアを開けたら座っていそうな人だ」というものだった。彼の大学時代の同級生なら、「押忍!」と言って冗談を言う姿が目に浮かぶのではないだろうか。

彼がオウムに出合ってしまったのは悲運としかいいようがない。彼はオウムに入った高校時代の友人を脱会させようとして、自分が入信してしまったのだった。

どこかに引き返す道はなかったのだろうか。友人を思う気持ちすら仇になるのだろうか。

カルト宗教によるマインドコントロールを用いた事件には「被害者が加害者になる」恐ろしさ、「巻き込まれる」恐ろしさがある。

端本君はまさにその典型的な人物だった。彼が事件に関わるに至った経緯を考えると、死刑の執行が残念でならない。


「被害者の人の気持ちを考えたら……」

彼が発するそんな言葉の端々に「苦しむことが自らに課した贖罪」という意識が表れていて、痛々しかった。端本君の後悔や苦悩は、筆舌に尽くしがたいものであったろう。そして元来真っすぐな性格で義理堅く、正義感が強かった彼は、自らを許せなかったのだろう。再審請求を勧める弁護士との面会を彼は再三断っていた。

また私が会った頃には、チベット仏教どころか宗教そのものに距離を置いていた。オウムに限らず言及される「輪廻」や「過去世」という概念にも疑問を持っていたようである。


面会室で会う端本君は、学生時代の正義感、飾らない雰囲気そして繊細さをそのまま残したような人だった。

「元気でな。昇をよろしく」

一人残される中村君を案じ、爽やかに私にそう言った端本君は、最後まで友達思いの人だった。端本君のことを考えるたびに、どうにかならなかったものなのか……と本当に気が滅入ってしまう。

彼にだって本当は言いたいことがあったはずだ。しかし被害者や遺族の方々のことを考え、自らを罰するかのように黙って執行を受けることを選択した端本死刑囚。

彼の沈黙を、沈黙のままで終わらせてしまったことが私は無念でならない。

せめて端本君から託された中村君への友情を、私はこれからも引き継いでいきたい。

豊田享死刑囚

「太極図の白い部分の、漆黒の目に入ってしまったような人だ」

それが豊田君と初めて面会したときに受けた印象だった。

もしこの人が何かを教える立場だったら、さぞや多くの学生のためになっただろう。どんなに相手の理解が遅くても、相手の立場になって親身に教えてくれそうだ。時には関西弁でユーモアも交えながら誠実さと責任を持って教えていたことだろう。

そんな豊田君の人となりが、心象として直感的に伝わってきた。

オウムと出合わなければ、彼の人生には一点の曇りもなかったかもしれない、自分を律する空気がヒシヒシと漂う人だった。

こんな人が地下鉄サリン事件の実行犯だったとは、何かの間違いであってほしい。豊田君の深い深い悔恨を感じると、そう思わずにはいられなかった。

大学という場所には、サークルの勧誘などと偽ってカルト宗教へ誘い込む場にもなるリスクがある。この頃からカルト宗教に対しての注意喚起があれば、端本君も豊田君も警戒できていたはずだ。

オウム事件からかなりの年月が経った。これから大学に入学する若い人たちの大半は、オウム事件を通じて私たちが実感するに至った、カルト宗教によって本当に人生を狂わされた人々のことをもはや知らない。このことを伝えていかなければ、大学にとっても未来の可能性ある若者を失うことになり、大きな損失であろう。

私が出会った死刑囚・受刑者が犯した罪は、謝罪して贖《あがな》えるようなものではまったくない。

しかし、学生時代の面影を残したままだった当事者たちを思うと、「師を誤った」ことはもちろん、たくさんの信者の中からたまたま実行犯に選ばれた「不運」、そして彼らの運命の「悲運」に沈痛にならずにいられない。

第六章
なぜ私は身元引受人になったのか

元オウム信者でもないのに

私が身元引受人になるにあたって、まず当事者である中村昇受刑者が私の名前を申請した。その後、法務省の担当者と保護司会が私の自宅に訪れ、意思確認が行われた。

「なぜ身元引受人にまでなってあげるのですか？」

保護司の声からは「なぜ元オウム信者でもないのに」という多少の驚きが感じられた。身元引受人には多大な負担が伴うからだろう。

「あまりの理不尽さを見ていられない気持ちと友情」

と私は答え、それまでの経緯を説明した。

初めは驚きが含まれた保護司の声が徐々に感嘆へと変わっていった。

「いや～、本当にすごいですね！　ご主人まで……」

保護司が感嘆した理由には、夫が賛同していることもあったようだ。

そのときにはすでに夫も中村君との面会を経験しており、賛同以上の積極的な気持ちになっていた。


「身元引受人だったら海外移住できないよね」

いつかそんな言葉を夫に漏らしたとき、夫は即座に、強い口調で言った。

「友香がそんなこと言うなら、俺がなる！　必ず戻ってこれるようにしてあげようと約束したんだから！」

「いや、ちょっと言っただけで……」

それを聞いて私は夫の強い責任感に驚いた。


私は中学時代から「安心して戻れる、温かい場所」を求めていた。

15歳から全寮制高校に入った中村君を惹きつけた初期のオウムの魅力も、同じく「アットホームなところ」だったという。

中村君は、15歳から52歳（2019年3月現在）までの約37年間のほとんどを、全寮制高校、オウム、そして拘置所・刑務所と、閉鎖的な環境で過ごしてきた。

彼は、全寮制高校の副校長との出会いがなければ、事件への加担はおろかオウムに出家すらしていなかったかもしれない人だ。

そんな中村君の背景や人柄を知るにつれ、私は「見て見ぬふり」ができない気持ちになっていった。

中村君は被害者の気持ちを考え、自らが経験した理不尽については語らないできた。そのせいだとしても、彼が受けた無期懲役という判決はあまりにも事実に反していると、私は思っている。

かつて中村君が、Nさんのせいで誤解された私のために一生懸命あちこちに手紙を書いてくれたことや慰めの手紙を書いてくれたことに、私は今でも感謝している。

中学時代に友人の裏切りで深く傷ついた心が、中村君の打算のない優しさと思いやりでようやく救われる思いがした。

彼の行為は、誰に指示されたものでもなく、評価されるわけでもない、中村君自身の人間性によるものだ。それらの行為は、中村君にとって何らメリットがないだけでなくリスクすら伴うものだった。「世間から期待される加害者像」として振る舞ったり「マスコミや被害者の人」に手紙が伝わることを意図したりしない、真摯に私に向き合ってくれる姿勢があればこそ、交流が続いたのだ。

そして中村君と交流を重ねるほど、端本悟元死刑囚が「昇をよろしく……」と言ったときの気持ちが、より深く理解できるようになった。

彼らの人間性に触れるにつれ、無念の気持ちから、あのような事件が起こらなかったら……と私は何度も思った。そうすれば被害者はもちろんのこと、彼らも加害者にならずに済んだのだ。

過去に戻ることはできない、それならせめて未来につながる「身元引受人」になることで中村君の、そして彼らの気持ちを汲みたいと思った。

熱湯を入れたドラム缶

きっと、私のこの思いは「中学の頃の事件がなければ、普通に高校に進学して、大学に行っていたかもしれない」と思い続けてきた裏返しなのだろう。

あの事件さえなければ、私も「普通」に生きてこれたかもしれない。これまで何度、そう渇望したことだろう。私はずっと「自分は普通ではない」というコンプレックスを抱えながら、普通のふりをして生きていた。

以前、中村君が自身の全寮制高校時代に触れて、「あまりに抑圧が酷いと性格が歪む」と心に深く傷を負ったことを手紙に書いてきたことがあった。

当時は先輩から連日のように「化粧品をいれたラーメンのスープ」を飲まされたそうだ。淡々とした彼の書きぶりとは裏腹に、本当は猛烈に苦しく、つらい日々だったはずだし、もしかしたら実際には、手紙に書かれていた以上にひどい出来事もあったかもしれない。

また教団時代の彼は、50度の湯船や熱湯を入れたドラム缶につかる温熱修行をはじめ命に関わる修行を経験しているが、それに触れたときの感情表現の弱さも印象的だった。温熱修行の際には、後に死刑囚になった元信者から周囲のお湯をかきまわされたという。そんなことをされたら怒って当然だ。

しかし、一歩間違うと命を落としかねない危機的場面の話にも関わらず、彼の口から出たのは「トホホだよ」という軽い言葉だった。

彼の態度から私は、自己主張をしようと思った矢先に心に足払いをかけられ、ダイナミックな生命のパワーをいなされたような印象を受けた。

高校時代から中村君は、私が中学時代にしていた以上に、生き延びるために自らの感情を押し殺してきたのではないか。

中村君は決して、軽薄な目線で世界を見ている人間ではないのだが、拘置所時代の彼からは、どこかしらふわふわした現実感のなさを感じていた。

刑務所に移った現在は「ふわふわした感じ」が薄れ、彼からの手紙の印象も、面会での様子も変わってきた。彼は以前は、受け身な印象があり聞き役になることが多かったが、面会者も限られたからか、今は自由に話せる面会時間を待ちわびたように、自分から積極的に話す場面も多い。

しかし今でも、話の中で自らの哀しみに触れてしまったときなどには、独特の困惑した表情になる。

そんな中村君の表情を見たとき、そしてオウムに出家するまでは吃音だったことも踏まえ、彼はオウムに入信する前から「失感情症」と「離人感」を抱えていたのではないか。それが教団に入って悪化したのではないか、と私は感じていた。

そのことを本人に確認したところ、中村君はこう言った。

「過去を振り返ると、オウム神仙の会のヨーガ教室の頃は少しは心が解放されたように感じたけれど、その後は暴力や薬物などの恐怖によるマインドコントロールで感情が麻痺して失っていった」と。

「失感情症」とは何か

かつて私は大学に入ってしばらくして「その場に自分がいないような感覚」を持っている自分に気がついた。

20代後半であらためて大学に進学した私は、年の離れた「同級生」になり、慣れるまでは学生生活に強いストレスを感じていた。そのうち、現実感や実感が薄くなり、気がつくと遠くから自分を見ているような、靄《もや》がかかったような毎日が続いた。

また原因不明の心臓の痛みもあったので、大学の保健センターでカウンセラーに相談したところ、「離人感（症）」と「失感情症」を指摘されたのだった。

しかし、娘を出産してからは離人感がなくなったので、ＰＴＳＤのフラッシュバックが起きるまで、自分の感情についても深く考えることがなくなっていた。

現在の中村君は、以前に比べると「自分の体験」を「自分の体験」として話せるようになり、涙を浮かべるようにもなった。下血などの身体の苦しみを率直に口に出すようにもなった。

多くの人にとっては当たり前に思えるだろうが、そうやって自分の弱さを認め、受け入れ始めることで、ようやく本来の中村君が表に出てきたのだ。

だから、そんな彼の変化は自分のことのようにうれしいが、一方で、今なお彼は自分自身のネガティブな感情を感じることを恐れているようにも思える。

面会の終わりの合図を看守から告げられたときなどは、表情が一変して能面のように無表情になることがある。

面会のときに中村君に抱いていた「もっと泣けばいいのに！」という思いは、かつての自分に言いたかった言葉なのかもしれない。

彼らを見ていて、自他の生命を大切にしていくためには、四季の移り変わりや自然の変化への感受性と同様の、自分自身の感情の小さな変化に気づく力が必要だと思った。

小さな哀しみから涙してしまう自分を素直に見せられる相手や環境に恵まれていたら、人間を超越した「仙人や超人」に中村君は憧れただろうか。

教団内の生活が日常の全てだった中村君は、麻原からの激しい暴力や薬物による人体実験などで生存の危機に陥った。そこで生き延びるためには、ささやかな感受性すら心の死角に押し込むようになっていったのは、果たして彼らだけの心のメカニズムなのだろうか。

中村君や他の死刑囚はみな一様に、自分が事件に関わってしまった背景として「感受性を失っていた」ことを挙げていた。

彼らの大きな後悔に触れた私は、同じ時期に家庭では子育てをしており、哀しみと怒りへの向き合い方について、私自身の過去のことも含めて多くのことを考えた。子供が泣きそうな表情をするときは、その泣きたい気持ちとともにいるように心がけた。

自分自身の感情に対する感受性が鈍感になると、原始的な「生きる力」である変化や危機への感受性までも衰えていく。

私の娘は、仮死産でこの世界に出てきた。だから誕生時には産声を上げず、蘇生して、やっと泣き出した。そのときから私は、泣き声は「生きている証し」だと思っている。

中村君の監獄生活は今なお過酷だろうが、せめて面会時間の間は、自らの内なる声にじっと耳を傾け、素直に反応できる「泣ける人間」でいてほしいのだ。

人間は皆、何かしら未解決の感情を残して生きているものだ。

その未解決の感情の程度によっては、思いもよらぬ行動や事態へとつながっていく場合がある。だから未解決の感情には、「加害者」「被害者」の枠組みを越えて解決する必要がある。

社会的には、中村君は当然「加害者」として責任を果たさなければならない。

しかしそれと同時に中村君にとっては、自身の傷ついた心や哀しみにも目を向け「助けてもらう自分」を受け入れていくことも、彼自身の人生に対する大切な責任だろう。

彼らが「弱みを見せず弱音を吐かない強い自己像」を維持しようとしたことが「無敵の救済者」という思い上がりを増幅させ、教団が起こしたさまざまな事件へとエスカレートしていったのだと、私には思えるのだ。

私が身元引受人になった理由

かつての中村君たちからすると、私は「凡夫」として「救済」の対象だった人間である。要するに、彼らから救済の名の下に殺害されていたかもしれない側なわけだ。

だからこそ私は、自分が身元引受人になる意義があると思っている。

彼は獄中で多くの本を読み、たくさんのことを知っている。

しかし、だからこそ私は、中村君が「一個人」として一度も社会に出ることなく監獄に入ってしまったことが残念でならない。

彼はこのままでは、人間として生まれてきたのに一個人として「世間」に触れることなく、想像だけの関係性に終始してしまいかねないからだ。

どんなに本を読んでも、どんなに懺悔をしても、彼にとって「世間の人」はいまだ「想像の世界の住人」だ。想像の世界の住人の痛みに対して、どこまで実感が持てるだろうか。

「指切りげんまん　嘘ついたら針千本のます」という言葉はもともと、嘘をついたり約束を破ったときは「握り拳で1万回殴る」「裁縫針を1000本のませる」という意味らしい。「指切り」というのは、12世紀末の史書『吾妻鏡』によると、御方討（味方討ち・同士討ち）をしてしまった者が処される「指切の刑」に由来するとのことだ。

かつて私は、友人であるにもかかわらず仁義を踏みにじったA子に対する怒りと悔しさから、「同じ目に遭わせてやりたい」どころか「1000倍、1万倍にして返してやりたい」とすら思った。

しかし、握り拳で1000回も相手を殴ると、こちらの手も痛いし、私のされたことを1000倍にしてやり返すには、相手の「指一本」では足りないくらいだ。そうやって「報復の妄想」をしても全く幸せな気持ちにはならず、「あいつのせいで暴力的な想像をさせられている」と怒りが増幅して、自己憐憫《じこれんびん》と恨みの気持ちに拍車がかかるばかりだった。

いまとなっては、裏切った過去の友人への報復を想像するのではなく、私の心を助けてくれた友人に、現実的な恩返しとして1万回手を差し伸べることのほうが、私にとっても相手にとっても有益であると思うことができる。これは必ずしも道徳的・宗教的見地からではなく、私自身、自然とそう考えられるくらいに心境が変化したのだ。


私が身元引受人になったのは、中村君への「報恩」と「義」からでもある。世間一般でたとえるなら、いわば「男と男の友情」のような気持ちなのかもしれない。

刑務所は、世間から隔絶された閉鎖的な環境だ。

しかし、人間は「社会的な生き物」である。

中村君には私や私の家庭を通して、社会に開かれた視点を持ち続けてほしいのだ。

無期懲役囚は身元引受人がいないとほとんど仮釈放が認められないため、刑務所でも高齢化が進んでいるという。親も高齢のため受け皿がなく、獄死する無期懲役の人間も多数いる。

しかし、中村君には必ず生きて出所して実社会で働き、日常生活の中で贖罪を続けていってもらいたい。

そして、私自身も「身元引受人」という立場を通じて自分自身の心と対峙し続けていきたいと思っている。

第二部

生と死の幻想

―2018年の対話―

第七章
伊福部高史さんと再発防止を考える

オウム死刑囚の移送

2018年3月。

「オウム死刑囚、移送らしいよ！」

普段はテレビもネットニュースも見ない私に家族がそう伝えにきた。

「そうなんだ……」

私は憂鬱な気分で返事をした。

何か大切な忘れ物を残したまま一つの時代が終わろうとしている……私はそう感じていた。

ふと、ある人に相談したら「大切な忘れ物」の正体がわかるかもしれないという考えがよぎった。

その人の名前は伊福部高史さんという。

伊福部さんとの出会い

伊福部高史さんと出会ったのは私が神戸大学を卒業する少し前のことだ。

高史さんは進学塾を25年以上経営され、小・中・高と大勢の生徒を指導してこられたベテランの教育家であり、また宗教者として東洋哲学道場「人生道場」の第三代主座をされている。『ニルヴァーナのプロセスとテクニック』の著者としても有名なヨーガ指導者ダンテス・ダイジこと雨宮第慈さんは高史さんの高校の同級生であり、親友だった。

雨宮さんは「クンダリーニ・ヨーガ」を日本に初めて紹介した人ともいわれている。

高史さんは、その雨宮さんの最初の恩師である伊福部隆彦さんの息子でもある。

雨宮さんが活動していた時期はオウム真理教の前身であるオウム神仙の会が成立した頃と重なる。以前に『十三番目の冥想　雨宮第慈講話録1』(渡部郁夫編)を読んだとき、まるで自分がその場で講話を聞いている感じがした。それからというもの私は雨宮さんに親近感を抱いていた。

雨宮さんは残念ながら１９８７年に亡くなってしまったが、私は、雨宮さんの同級生である伊福部高史さんに無性に会ってみたくなった。

そして大学卒業前に「人生道場」に連絡し、伊福部さんのお宅に伺ったのだった。

「伊福部」とは随分珍しい名前だが、これは古代ヤマト王権の時代からある苗字だそうだ。高史さんの先祖は豪族で、明治時代まで宇倍神社の神職を代々務めた家系であるらしい。

「鳥取の神社の家系なんです」

幼い頃から神社好きだった私はうれしくなった。

「『ゴジラ』のテーマ曲の作曲家・伊福部昭もうちの家系なんです」

頭の中でゴジラのテーマ曲が流れ、脳裏には鳥居とゴジラが並んで浮かんだ。

「……神社とゴジラですか」

不思議な組み合わせだと思ったが、どちらも「日本」を象徴しているような気がして、何となく納得した。

高史さんの話では、高史さんの父親であり雨宮第慈さんの師匠でもある伊福部隆彦さんの、そのまた師匠にあたるのは生田長江さんという方だったという。

「生田長江さんね……どこかで聞いたような気がします」

どうにも思い出せない私に高史さんは教えてくれた。

「日本で初めて『ニーチェ全集』を翻訳した人なんです」

「あぁ『ツァラトゥストラ』のニーチェですか」

『ツァラトゥストラ』は私もかろうじて読んだことがあった。


生田長江は他にもダンテの『神曲』やゲーテの『ファウスト』、ドストエフスキーの『罪と罰』やマルクスの『資本論』の一部など、膨大な翻訳を手がけた方だという。

まさに日本近代の翻訳文学の巨匠といえる人だ。

しかし、その業績の割に一般には生田長江の知名度が低いような気がした。

生田長江は「現代のスティグマ」とも呼ばれたハンセン病で亡くなっている。スティグマとは「忌むべき者への烙印」のことであり、「社会から受け容れられない特性」というニュアンスの言葉として用いられる。当時ハンセン病は、容貌の崩れなどからひどい差別や偏見にさらされたらしく、本名を明かさなかった罹患者もいたようだ。彼らが受けた隔離政策について、本や報道などを通じてご存じの方も多いだろう。

生田長江の知名度が業績と比して低いのは、ハンセン病であることが同業者によって暴露された影響もあるようだ。

晩年には失明しながらも口述筆記で『釈尊傳』を著したという。「生姜のような手にデッサン筆をくくりつけて書いていた」（荒波力『知の巨人　評伝生田長江』）という記録もあり、類いまれなる知性はもとより、人並み外れた精神力にも驚嘆させられる。「文学界の修行者」と言っても過言ではないだろう。

伊福部さんは書棚から一通の封筒を出した。

「生田長江と交流があった人からの手紙です」

白い封筒に筆で書かれた差出人の名前は夏目漱石だった。

「そういうつながりがあったんですか……」

夏目漱石と生田長江は、東京帝国大学の先輩・後輩としての関係があったそうだ。

ニーチェ・生田長江・伊福部隆彦・雨宮第慈という流れは私にとって予想外で、すっかり驚いてしまった。文字や言葉のさらに底にある、伏流水のようなものを感じた。

伊福部さんは「同級生から受け取った」という一枚のハガキも見せてくれた。

昭和46年の消印が押されたその手紙の差出人は当時21歳の雨宮第慈さんだった。

「日々に回生しています

僕は、〝平凡〟に恋に生きようと思っている。

楽して生きようと思う。僕は平凡だ」

私にはなぜか、書かれている文字の外側にいたはずの、太陽の下で自由に生きる雨宮さんの姿が目に浮かんだ。

仏教では「人生自体が四苦八苦である」と説かれるが、人生で特別になろうとするとさらに苦しみが増えるハメになる。21歳で早々と「平凡宣言」をした雨宮さんを私は天晴れな男だと思った。

いろいろとお話を聞いた後、帰りがけの私に伊福部さんが「友香さんは大塩（雨宮の旧姓）の娘みたい」と笑いながらおっしゃった。

私はなんだかうれしいような気恥ずかしいような気持ちになったのを覚えている。

過敏な自己愛

オウム死刑囚が移送されたニュースを知って、私は自然と伊福部さんに電話していた。伊福部さんとは随分ご無沙汰していたが、なぜか心の「隣の座席」にいるように、いつも近くに感じていた。

「気がつけば15年。どうしても『このままでいいのか』という気がするんです。何も言わず、何も書かず終わらせることもできます。でも、逃げてるような気がするんです。

今まで本とか書いたこともないんですが、書いておかないといけないような気がしてるんです。何かがググッと突き上げてくる感じというのでしょうか。

伊福部さん、なんとか協力してもらえませんか？」

受話器の向こうから快活な声が聞こえた。

「それは、無為の力ですね。いいですね。面白そうですね。やりましょう！」

そして、早速話をさせてもらう日時を決めた。


「伊福部さんは、オウムが選挙に立候補した前後の1990年頃、東京にいて、どう感じておられましたか。その当時の様子や感じていたこと、当時と今とで違っていることなどを覚えておられますか？」

「当時はオリエンタルな雰囲気が、精神世界といわれる世界でもまだ目新しく感じられたと思います。インドというのが、オウムに行った人の中で異国の違った世界のように感じられたのだと思います。確か選挙のときに家のポストにチラシが入っていたのを見て、嘘っぽくて妻と二人で笑ってしまいました」

「なにが嘘っぽかったんですか？」

「あまりにも簡単に『悟り』などと書いているので、これに惹かれるのは宗教に関して全くの素人か、子供だろうと思ってたんです。あまりにも子供騙し的だと、妻と当時話してました」

オウムの入信者には、確かに学生や大学を卒業して間もない「若者」が多かった。また、その中では年長者だった早川紀代秀は、著書の中で「宗教に無知だったこと」を大きな反省として挙げていた。

伊福部さんは、高校・大学への進学塾をおよそ25年余りもの長期間経営してこられた。いじめ・不登校・成績不振に悩む子などを中心に、現在も多くの生徒を指導されている。

だからこそ、私は伊福部さんに聞きたいことがあった。

「ご自身の学生時代を振り返って、また当時オウムに出家した若者と今の若者を見比べてどう思われますか？」

「私が学生だった当時は学生運動の時代で、今より自由があったように思います。いろいろな人と議論ができたり、自由な雰囲気がありました。ルネサンスで花開いた『人間中心主義』が当時の日本でも生きていたように思います。

近頃は社会がかなり保守的で、若い人も保守的ですよね。自分と価値観の合う小さな仲間たちだけで固まっている。閉鎖性がある。

でもそれだけでは自分の中にある不安に自分で解決をつけることができない。『心のつながりや一体感』を感じる機会が少なくなり、コンサート、スポーツ観戦、お祭り……そんな限られた場所に一体感、高揚感を求めるようになっていますね。

そのように、自分と似たような人や価値観のみで身の回りを固めてしまうと、人は打たれ弱くなってくるんです。人間関係には良いときも悪いときもあるんです。あるときには嫌なことがあったりする。それでいいんです。誰でも持っている……優秀な子供もそうでない子供も持っている『素朴な価値観』が大切かと思います」

「素朴な価値観？　それは具体的にはどういう価値観ですか？」

「美しい心です」

と伊福部さんは言った。

「なるほど……」

私はしみじみ考え込んでしまった。これまで出会ってきたいろいろな人の顔や場面が頭をよぎる。

「どこにも探しに行かなくていい。今その場に一番大切なものは、すでに在る」

そう言われたような、大きな安堵を感じた。

確かに、自分と異なった価値観を遠ざけたままでは打たれ弱くなるだろう。過敏な自己愛で頑なになり、異なる意見に出合うと自己否定されたと感じるようになる。これがキレやすくなるということかもしれない。

宗教とは何なのでしょうか

「伊福部さん、結局、宗教って何なのでしょう……」

伊福部さんは穏やかな表情で話し始めた。

「宗教の考えは『全て一切は神の顕れ』。善人も悪人もいないんです。善と悪という二元論になると、たちまち安心のない世界が生まれてきます。自分も含めて一切が神。そこには対立がありません。

倫理や道徳では人は救えません。なぜなら倫理や道徳は社会の管理・統治の手段ですから。それだけでは人の心は救えないのです。

老子の『無為』と一体になることとは、縁あって我なし。赤子のような素直さ。

素直さとは、負けること……すなわち『自我の自殺』といえるかもしれません。日常が修行です。日常は、我欲との闘いですから。自分は正しいと思っているほど、必ずしも正しくない。『正義感』といっても、千人いれば千人それぞれの正義があります。

負けるということは、受け入れるということで、自由ということです。

自由な心があるから、受け入れることができるんですね。

自分の気持ちに合わない。そうすると欲求不満で人を抹殺する心が芽生える。

許容性のなさが今の時代の背景にありますね。自分に合わないものは受け入れたくない、抹殺したくなるんです。

経済で人間の価値が決められる、そんな一方的な価値観の中で、倫理と道徳だけでは人は救えないんですよ……。経済が主で、人は刺し身のツマみたいなもんですからね。

『天網恢恢疎《てんもうかいかいそ》にして漏《も》らさず』という言葉がありますが……」

私には、初めて聞くその言葉の意味がわからなかった。

「老師の言葉で『天の張る網は、広くて一見目が粗いようであるが、悪人を網の目から漏らすことなく、悪事を行えば必ず捕らえられ、天罰をこうむる』という意味です。

今は『大道廃《だいどうすた》れて仁義《じんぎ》あり』。大道、人が行うべき正しい道が自然に行われていた昔は、仁義や道徳は必要なかった。道理が失われてしまったから道徳や仁義が生まれてきた、ということです。

しかし、道徳や倫理では人は救われず欲求不満が生じる。『奇跡』など眉唾の話を信じたくなるのは、そんな現実世界の矛盾、自己肯定感が満たされない、承認欲の欲求不満があると思います」

「では、幸せとは何なんでしょう」

「幸せは、無為。心が満たされている状態で、感謝から遠のくと生かされている目的を見失います」

無為自然というのはここから出た言葉なんだと納得した私は、今度は身近なところでできそうなことを聞いてみた。

「日常ではどうすることが大切だと思われますか?」

「『自分を守るな』ということです。一瞬一瞬」

「『自分を守るな』……ですか……それは、大変に厳しいですね……」

「そうですね。なので『奇跡』だとか『悟り』は、簡単なようで、簡単なものでなく、日々にあるんです（笑）」

そう伊福部さんは、朗らかな声で話すのだった。

「身近なところでできることを」と思って聞いてみたが、伊福部さんからは「自分を守るな」という答えが返ってきたのだ。これにはうなってしまった。

言い換えると「手放す」ということなのだろうか。それから後の中村君とのやり取りでも、この「手放す」ことが私にどこかしらついて回るのだった。

それから数日後。「これからの若者の一助となれば」と、伊福部さんが本を送ってきてくれた。

その本は『若い人の為の宗教論』（伊福部隆彦著）。

発行はなんと昭和31年である。

年代を感じさせる表紙をめくり、序文を読んでみた（原文は全て旧かな遣い）。

一、序言

（長江先生（生田長江）の予言）

青年時代は誰でもが宗教嫌ひである。青年達は宗教と言へば、すぐ迷信と同義語に考へる。乃至は、自己欺瞞か偽善者と考へる。凡そ健全なる青年精神と宗教とは相反するもののやうに考へる。そして私はこのやうに考へる青年に対して、その気持ちに於て同感するものである。

青年にして宗教好きなやうな青年は、十人のうち七八人まで、自己欺瞞者でなくば、偽善者であり、然らずんば迷信者である。

フリードリッヒ・ニイチエは、人は育成さるべきであつて馴致されてはならぬと言つたが、宗教好きな殆んどの青年は、育成されてゐる青年ではなくて馴致されてゐる、それを又好んでゐる青年である場合が多い。

健全な青年が宗教を好まないのは、この馴致を好まないのである。馴致は、所謂飼ひ馴しであつて、例へば家畜などに対して為されるものである。それはその動物そのものの為に為されるのではなくて、人間の為に都合のよいやうに、その本性をためられることなのである。

青年の敏感は、兎もすれば宗教の名によつて行はれる、この馴致を嫌ふのである。しかしながら、それなら宗教といふものが、真にそのやうなものかといふと、実はさうではない。

真の宗教といふものは、馴致ではなくて、育成なのである。その人本来の面目を発

揮させ、真に生甲斐ある生涯をつかまさせる為のものである。そしてそれは宗教より
他には、これを為して呉れるものはない。（略）

最後の3行に、私はまたもうなってしまった。

なんでも「本来の面目」は禅語で、世間体の真逆にある「真の自己」「本来のその人らしさ」

というところを指す言葉のようだ。


「世間の目、学校の目、親の目、そんな他者の『目』ではなく、自分の目という意味での『面目』なのか……」

「自分らしさ」という言葉をよく聞くが、しかし恋愛ひとつとっても「素敵な人に認められたい」という気持ちがあるのなら、もう他者の目を意識している。

失恋がつらいのは、自分が認めてほしい相手から否定されたような気がするからだ。

だからまずは、自分の目で自分を認めることを「本来の面目」というのかもしれない。

私もすぐに、正しい答えを知っていそうな他人を探し求めてしまいがちだ。

疑問を持たず、考えないほうが楽。飼い馴らされたほうが楽……馴致されることを当たり前に感じるなら、そこにすでにマインドコントロールされる素地があることになる。

第八章 中村昇受刑者との対話

第一節　幻想のオウム真理教

死刑執行

２０１８年７月６日、早川紀代秀、そして教祖・麻原彰晃（松本智津夫）を含む７人の死刑が執行された。

２０１８年７月26日、林泰男、端本悟、豊田亨を含む６人の死刑が執行された。

それから数日たった２０１８年７月30日。

新宿の高速バスターミナルは楽しそうな若者たちで賑わっていた。夏休みだからだろう。待合室も座る席が見当たらないぐらい混み合っている。

私はその光景を見ながら、中村受刑者が収監されている刑務所に向かうバスを待っていた。

バスの到着アナウンスを待つ間、私は林泰男から初めてハガキをもらった頃を思い出していた。

彼らとの交流は未開の地に迷い込んだような手探りの連続で、例えば同じことを手紙に書いても人によって反応が違うから、いつも必死だった。

彼らと向き合う時間は私にとって、自分自身の生命と真剣に向き合う時間でもあった。

しかし、死刑の執行で彼らがこの世から消え、私は自分の生きてきた時間までが吹っ飛んでいった気持ちがしていた。

私が彼らと過ごした時間を知る中村君の顔を一刻も早く見たかった。彼なら、言葉にできない私の今の気持ちをわかってくれるはずだ。

死刑執行のニュースは、きっと刑務所内でも流れたことだろう。周りからいろいろ聞かれているだろうか。

中村君の教団時代や拘置所時代を知る受刑者は刑務所内にいないだろう。

中村君の心情が心配だったし、死刑が執行された彼らを中村君と弔いたかった。

夜行バスが出発してから約12時間後。

林さん、端本君、豊田君の死刑執行から5日後の２０１8年7月31日午前9時前。

私は、中村君が収監されている刑務所に到着した。

スタートから過ち

面会室に入った私は、生き残った中村受刑者を見て心からホッとした。

――とうとう、全員執行になっちゃったね……。

私はそう口にすることができず、代わりに独り言のように呟いた。

「結局、なんだったんだろうね、オウムって」

「幻想だよ……」

中村君は予想以上に冷めた声で答えた。


こんな状況だったが、私には中村受刑者に会ったら聞いてみたいことがあった。

それは教団にあったという「出家番号」制度のことだ。

「ねえ、あの……いまさらなんだけど、教団には出家番号ってあったみたいだけど、教えてくれる、中村君って何番だっけ？」

今はもういない彼らを思いながら、だからこそ言葉にできず、私は別の話題を切り出した。
そんな私に中村君は、
「いいよ。友（筆者）の気持ちはわかってるから」
と言ってくれた。私はこの言葉を聞いて、中村君が私と同じ気持ちを共有してくれていたことが何よりうれしかった。
「僕は、6番」
「そうなんだね……。じゃぁ1番はやっぱりIさん？　ちょっと順番に教えてくれる？」
「No.1は、Iでしょ。（教祖の側近・子供を出産）
No.2は、Y。（女性信者・事件後脱会。病死）
No.3は、Xっていう人がいたけど法人格取得前に脱会。（欠番）
No.4は、杉本。（杉本繁郎。無期懲役）
No.5は、新実。（新実智光。死刑執行）
そしてNo.6が僕。（中村昇。無期懲役）」
「中村君は出家No.6というけど、欠番を飛ばすとNo.5の古参信者だから、逃げ場がないということだよね」
「うん。欠番を飛ばすとそうなるね。Iが経理になる前の、最初の頃の経理は僕だったんだよ。最初は麻原の秘書もしていたことがあった」

教団の初期に麻原の秘書や経理をしていたのは、中村君が出家したばかりの、高校を卒業してすぐの20歳頃のことだ。

出家番号を聞いて、中村君がまさに逃げ場のない状況で生き残った初期メンバーであることをあらためて確認した。


先ほどの中村君の答えについて、もう一度聞き直した。

「ねえ、『幻想』って?」

「幻想だよ、幻想。そして妄想」

中村受刑者は冷たく、そしてはっきりと言い切った。

バッサリ過去を切り捨てる彼の言葉に、私は一瞬、目を伏せた。

「今の中村君から見て、麻原は、途中から変になってきたと感じる?」

私は「最初はまともだった」という答えを予想していたのだが、しかし中村君はこれも切り捨てた。

「いや、途中からじゃない。最初から」

スタートから過ち。全ては幻想と妄想でしかなかった……。

2018年7月31日、オウム死刑囚の死刑執行後初めての面会はこうして、予想外の中村君の答えから始まった。

これまでの15年にわたる文通・面会のなかで、私のほうから彼らに事件や教団時代について積極的に聞きづらかったこともある。カルト教団に長年属し、妄想のなかで罪を犯し、目を覚まして脱会した彼らの心境を想像すると、彼らを支える私にまで「思い出したくない過去」を追及され、精神が不安定になることを懸念したのだ。

公にはされていなかったが、何人もの死刑囚が独房内で自殺未遂を起こしていた。

インスタントな悟り

2018年8月26日

この日は猛暑だった。外を歩いているだけで身体の具合が悪くなりそうだ。

「こんにちは」

「こんにちは。よろしくお願いします」

中村受刑者は礼儀正しく頭を下げた。

「中村君、その後、調子はどう?」

「うん、やっぱり下血が止まらなくて。昨日も夜中に目が覚めて」

中村君の話では、最近は病状が悪化している様子だった。

「まだまだ暑いからね。とにかく暑くて、私も何もする気力が湧いてこないくらい」

中村君の身体は心配だが、面会時間はあっと言う間に過ぎる。

私は気持ちを切り替えて、この日は教団のことを尋ねた。

「中村君の今の反省の気持ちも含めて、教団初期から特に変わったと思ったこととかがあれば教えてくれる？」

教団に長くいた中村君は、かつての自分たちを今どのように感じているのだろう。

私の問いかけに、彼は即答した。

「本来、チベット仏教などの教えは、正統伝承系譜の教えを伝える師によって、基礎から地道にちゃんと学んでいくべきだったんだ。でも当時は、チベットの教えに関して中沢さんの本（『虹の階梯』中沢新一著）ぐらいしかなく、ネットもないし情報が不足していて、麻原によるパッチワーク、幻想の『いいとこどり』を修行と勘違いしてしまってた。

教団の修行は、結果をインスタントに期待させる、例えばインスタントラーメンみたいに『手っ取り早く出来上がる』ものだった。そんなふうに『早く悟れる』ということで、教祖を権威づけさせるためのものだったんだよ」

「インスタントラーメンみたいにか。なるほどね。他には？」

私がそう聞くと、中村君は続けた。

「あとは、何かあると『マルパ』や『ミラレーパ』などのチベット仏教の伝記を持ち出して

『グル（教祖）に従う』『帰依の重要性』など、自分の力に対する幻想を弟子に誇示し、弟子もその幻想に巻き込まれていってね。『インスタントに手っ取り早く悟れるのが、すごい！』……という思いが弟子にもあったと思う」

彼の口からは、オウムの反省が次々とあふれ出る。

「ポア（慈悲殺人）という単なる殺人をさせるために、教祖は、自分の幻想に、弟子の幻想（グル幻想）を取り込み、さらに自分の『力』に対する妄想を高めていったということだね。

現実には人を苦しめる殺人をしながら、空想の中だけは『救済者』という選民意識で、本来は善良な人たちまでも排除する思考をもたらす発想だった。『自分たちだけはきれい』『自分たちだけは善である』という教団の中だけに通用する思い込みが、集団で共有されていく様子は、幻想がさらに『誇大妄想』に膨れ上がるというもので、ほんと、誰も、だ〜れも幸せにならないものだった」

かつての自分への悔しさをにじませる、中村受刑者の言葉には強い力が込められていた。

恐怖と妄想

オウムの元信者からは、たびたび「怖かった」という話が出てくる。

中村受刑者にとって「オウムの恐ろしさ」とは、なんだったのだろうか？

「よく『麻原が怖かった』という話を聞くけど、その恐怖というのは、具体的にはどんなこと？　中村君にとって最も怖かったことって何？」

「チオペンタール」

中村受刑者は即答した。

「え？」

聞き慣れないその言葉が何を指すかすぐには理解できず、私は聞き直した。

「『ナルコ』というイニシエーションで、自白剤のチオペンタールを使って記憶が消されるのが本当に怖いと思った。少しずつ記憶を消すことができて、数時間、数日と段階で消されていく。自分の全てが消されてしまうんじゃないかと、ものすごく怖かった」

目を丸くして語る中村君の様子はとても臨場感があり、話を聞いている私にもそのときの恐怖がありありと伝わってきた。

教団内で中村君は、記憶がなくなり廃人同様にされてしまった人を見たのだろうか。中村君の口から「見た」という話が出るのが怖くて、私は次の話題を促した。

「それと？」

「あとは、催眠誘導でのポリグラフ［*1］」

「それは何？」

私はこわごわと中村君に尋ねた。

「催眠誘導にかけられてポリグラフでいろいろ自白させられるんだけど、必ずしも事実を告白するわけじゃなく、なかには『俺は女100人やった、200人！』とか、あり得ない話を言う人もいた。自分にもそれをされて、とんでもないことを言ったらどうなるかと思うと……」

真に迫った表情で中村君は語った。

「なるほど。自分が何を言い出すかわからないって怖いよね。後から変な疑いをかけられたら……そう思うと生きた心地がしない。気が気じゃないね！」

「教団内のTさん事件のことだって、後から聞いたら、その理由が『ポリグラフで陽性反応が出た』と教祖に報告したかららしいんだ。そんなのポリグラフとか、気が小さい人なら間違えて陽性が出るかもしれないでしょ？　Tさんとは面識もなかったし、どうしてこんなことになったのかNに聞いて、教祖から目をつけられた原因がポリグラフだと知ったときは、もうがっかりしたのなんの……。NやSも本人と一緒に教祖に会いに行って直談判してあげていれば、Tだって亡くならずに済んだのに。ポリグラフがきっかけで亡くなったことを後で知ったときは、もう唖然としてしまった……」

私は中村君から出た「教祖に直談判」という言葉に驚いた。

「え、中村君は麻原に直談判なんてしたことあるの？」

「あるよ。何人も……。実際、僕が本人を教祖の前に連れていって何人も助かった人がいるよ。だってポリグラフだよ。そんなので決めつけられないでしょう」

「Sさんとは面会も文通もしたことないから何とも言えないけど、彼が麻原に直談判までできるほど信頼されていたか疑問もあるなぁ。それにNは、麻原の指示を受けたら言われたまま盲目的に行動する傾向があるでしょう」

「まぁね……。でも実際は彼も気が小さなところもあったけどね」

この日本で自白剤やポリグラフの恐怖体験を共有できる人は、きっとオウムにいた人しかいないだろう。薄暗い刑務所の面会室で当事者からその告白を聞くことになった私の因果も不思議なものだ。

「それで『妄想』というのは？」

7月の終わりに中村君から聞いたことを、あらためて聞いてみた。

「結局、僕たちが『善』だと思っていたのは、頭の中の誇大妄想のみ。『善や正義』と言っていたのは、自分たちに都合の悪い者を排除したいという『悪』でしかなかった。身近な人や周囲に対しては、たとえ小さなことでも親切をなすことができるのにね。選民意識からの妄想は、人に苦しみと哀しみを与えるもので、誰も幸せにならないものだったんだよ。善も正義も頭の

編注〔＊1〕ポリグラフ　脳波や脈拍、発汗などを測定する装置。いわゆる一般に想像される「嘘発見器」。

中だけの『妄想』でしかなかったんだよ」

中村君は、そう言って教祖や自分たちを断罪する。

「人を死に至らせる『ポア』（慈悲殺人）も。直接殺人に関与しているなら、自分の頭の中で都合の良い妄想にする。そして直接関与していない場合は、なおさら『痛み』がバーチャルだから妄想になる。救済でもなんでもない、苦しみを与えてしまうだけだった」

大人の理不尽

「妄想の理由はなんだったと思う？」

私がそう尋ねると、中村君は一気に語った。

「弟子が教祖に対して『超人幻想』を持ってしまったことや、教祖からチベット密教の逸話をもち出されて、それを信じて付いていってしまったこと。そして僕の場合は、オウム神仙の会の頃からだけど、当時オウムに高校の副校長も修行に来ていてね。シャクティーパット（額に麻原のエネルギーを注入する儀式）と狂気の集中修行まで参加してたんだよ」

私は、中村君と文通を始めた頃に、手紙で副校長のことを聞いていたことを思い出した。

「だから、副校長先生も修行に来てるぐらいなんだから、やはり麻原はすごい人なんだ！　本物なんだ！　と思ってしまった。それに、僕が出家するのに、副校長先生が『オウムに出家させてあげてください』と僕の家にまで来て両親を説得したんだよ。僕の高校から他にも数名出家してるの知ってるでしょう。でも『プチグル』タイプの副校長は、神仙の会からオウム真理教になる頃には辞めていったんだけどね」

「家にまで来て？」

私が驚いてそう聞くと、中村君は当時の様子を語り出した。

「そう、先生も教祖からシャクティーパットとか何度も受けていたからね……」

中村受刑者の両親に生徒の出家を説得した副校長からは、中村君の逮捕後、一度も連絡はないようだ。

全寮制の定時制高校に通っていた中村君は、出家当時まだ19歳だった。社会的に十分な判断能力のない、未熟な少年である。

その高校出身で逮捕された信者は中村君だけではなかった。副校長の影響で何人もの生徒がオウムに出家しているというのは異常な事態だ。

副校長という立場の人間は、本来なら生徒たちの出家を止める側だったはずだ。

その副校長は現在どこにいるかもわからないという。

教育者の立場にありながら、生徒に誤った進路を選ばせた挙げ句、自分だけ先に逃げてしまった無責任な副校長に私は激しく憤った。

中村君たちが逮捕されたニュースは当然知っていたに違いない。しかしその先生からは、面会どころか手紙ひとつ来ないようだ。

中村君の人生は、「大人の理不尽」に翻弄されてしまったのだろうか。

本当に求めていたもの

「なるほど……。じゃあ中村君が教団から逃げなかった理由は？」

私は質問を続けた。

「麻原はね、人によって非常に対応が違うんだよ。ある人には、あんな対応。でもこっちの人には、こんな対応。最初の頃の麻原は、僕に対しては、他の人に対するより優しい対応だったと思う。

逃げた人たちは『男女の問題』があるケースが多く、カップルで逃げてるでしょ。それが麻原に見つかると、教団の中にいても『ポア』される可能性がある。どのみち見つかるとポアされるんなら、外に逃げようということになったと思う。僕は信じてたから逃げ出すことを考えなかったけど」

中村君は自分のことを話し始めた。

「でも逃げるにしても車と免許が必要で、高校を卒業してすぐに出家したから車の免許もなかったからね。それに世間知らずだったし、教団を出て一人で生きていける知恵も自信もなかったんだよ。

T君みたいにパチンコ屋で住み込みで働く発想もなかったし。そんなことも含めて、ちょっとイヤだと思ったときがあっても、むしろ教団を出て地獄に墜ちる恐怖のほうが強かったから。『全力で帰依しなきゃ！』そう思っていたから逃げる選択ができなかった」

それから、話は教団内の事情に移った。

「教団にいたらね、自分が関与したことが、どのような形で事件につながっていくのかわかりづらいんだ。人がいなくなっても『脱会したのかな？』と思ったり、『支部が変わった』というような話を聞かされたりしたからね。だから、どの事件が教団の事件なのかということや、誰がどの事件に関わってるのか、正確な話は、わかりづらいんだよ」

中村君はかつて私への手紙に、高校時代を振り返って次のように書いてきたことがあった。

2004年5月28日
全寮制高校の1年生は奴隷、4年生は神みたいだった。夜中に起こされラーメンの汁に化粧品を入れて全部飲まされるのがイヤだった。精神的理想を持つこともできなくて、（オウム）教団初期よりつらかった面があった。上には必ず従うマインドコントロールの下地は、この頃にできてしまったのかもしれない。でも学校を辞めることができなかったのは、親に心配をかけたくなかったから。

中村君は高校時代から極度に自分を抑圧していったのだろう。

以前、過度な抑圧は性格に歪みを与えると話してくれたことがあった。中村君が副校長や麻原への怒りを言葉にしないのは、その「感情」を抑圧しすぎて、自分でも把握しきれていないからではないだろうか。


「残り時間あと3分」

看守がそう告げる。

中村受刑者の当時の本音を知りたくて、さらに突っ込んで聞いてみた。

「なるほど。でも中村君も少しはオウムを辞めたいと思ったこともあるでしょ？　一瞬でもそう思ったことがあったら、それはどんなときだった？」

「う～ん、僕は、出家する前、吃音や対人恐怖症もあったでしょ。だから、ひっそり僧院に隠遁したいとか、初期のアットホームな雰囲気に惹かれてたんだよ。最初はヨーガ教室だったからね。

その頃の麻原は、自分の子供と僕を分け隔てなく本当に優しくかわいがってくれていたんだよ。だから、僕もお父さんのようにも思えていた。その頃の様子などは、後から出家した人や遠い関係だった人は知らないことも多いんだよ。最初インドに行って体調悪くなったとき、帰りの飛行機で10時間ぐらい背中をさすってマントラを唱えてくれたこともあった」

「なるほど……」

中学を卒業し、15歳ですぐに全寮制高校に入学した中村君には、まだ親に甘えたい気持ちも残っていたのだろう。

中村君が逮捕と同時に脱会できなかった理由には、麻原を父のように感じた昔の思い出などの「情」が絡んでいたのかもしれない。

当時の中村君が本当に求めていたものは「出家」ではなく、温かい家族との深い絆を感じることだったのかもしれない。そう思うと不憫だった。

「辞めたいというか、イヤだなぁと思ったのは、オウム神仙の会が宗教法人になるときとか……あとは『選挙』と聞いたときかな。脱俗というより、なんか世俗的な感じがして、心の中で苦手だなと思ってた。それと僕の性格から『非合法（ヴァジラヤーナ）』を避けたい気持ちが強かった。麻原から『オマエは小乗的だ』……他者への救済の気持ちが薄いと言われて、よく叱られてたんだよ。

暴力的なことが苦手なのは『観念』だと言われてしまったけど。僕は、もともとの性格や考えから、ついていけていないと思う面もあった。あるときNが『時計仕掛けのオレンジ』とか暴力的な映画を持ってきて、僕も見てみたらと言われたけど断ったよ」

そう話す中村君に、私は以前から疑問に思っていたことをぶつけてみた。

「他人をポアして意識を高い世界に上げてあげるという理屈なら、自分も教祖にポアされたっていいい、殺されてもいいってことにならないの？　なんで自分たちはポアされるのが嫌で、他人はポアの対象になるの？　一方的でしょ？」

事件直後の報道を見たときから、救済を謳いながらあまりにも身勝手な発想の事件だと私は思っていたのだ。

「それは、自分たちは『救済者』であり、ポアの対象は基本的に『教団を妨害する教団外の人』や『救済計画を妨害する者』っていうことだからなんだよ」

「う〜ん。でもそれって、やっぱり自己中心的、独善的発想だよね。わかった。また来る。今日はありがとう」

「いや、こちらこそ本当にありがとう」

一礼をしてドアの向こうへ行く中村君の姿を見送り、私は面会室を出た。

中村昇とオウムとの出合い

２０１８年９月25日

先月に続いて、また刑務所に向かった。

夜行バスで一睡もできないまま駅に到着。まだまだ厳しい９月の日差しのなかだった。

私は面会室に現れた中村君を見て驚いた。

「おはようございます……。先日から咳が止まらなくて……」

マスクを着けた中村君は咳き込みながらそう挨拶する。

痩せた体、そして血色の悪い顔が蛍光灯の下で一層青白く見えた。

「いいよ、何でも聞いてもらって」

私のためらいを感じ取り、中村君は話を促してくれた。


この日は最初、オウムとのきっかけについて質問した。

「中村君がオウムや麻原を最初に知ったのは、どこで？」

「僕は当時『トワイライトゾーン』やら『月刊ムー』なんかをいろいろ読んでいて、その中で知ったんだよ」

「私もその雑誌は読んだことある」

私の子供時代にはノストラダムスの大予言をはじめ、ツチノコ、ネッシー、ユリゲラーなど、この手のさまざまな話題を雑誌やテレビが特集していた。

『月刊ムー』は、当時からよく知られていたオカルト情報誌だ。少年から成人男性までの読者が多い印象の雑誌だが、私も何度か読んだことがあった。

初期の信者には、雑誌に載っていた麻原の記事に関心を持ちオウムを訪ねた人も多いようだ。

私と中村君は同じ年の生まれだ。そのせいか、彼がオウムに出家する前や脱会後に親しんだ雑誌や流行歌などの話題を出すときには、まるで旧知の同級生のように感じる、不思議な親近感がある。

中村君だけでなく、大学時代に出家した端本悟も、1歳年上だったが洋楽など好みの音楽の話で気が合った。

私が出会ったときの彼らはすでにオウムを脱会して、彼ら本来の感覚・感性を取り戻していた。

このまま面会室を出て一緒に居酒屋かカラオケに行っても「元オウム幹部」だとは誰も気づかないだろうと思えるくらい、もともとは明るくユーモアもあるフレンドリーな人たちだった。

彼らは本当に「宗教」だけを求めてオウムに惹かれたのだろうか。

私には、彼らがオウムに惹かれていった理由の一つに、昭和の青春ドラマの世界にあるような感情を強く揺さぶる劇画タッチの「ドラマ性」を、オウムに、そして麻原に見いだしていた部分があるように思えた。

というのも、彼らと交流して話をしていると、昭和から平成と時代が移るにつれて希薄になっていった「アットホームな雰囲気で和気あいあいの居心地の良さ」や「仲間意識や連帯感」に強く憧れていたことを感じたからだ。

たとえると『てんとう虫の歌』（川崎のぼる）や『巨人の星』（原作：梶原一騎　作画：川崎のぼる）などの血と汗と涙の熱いドラマに、『サザエさん』（長谷川町子）の軽やかでアットホームな世界が時おり表れるような感覚だった。

私はよく「麻原が女性であったならば、オウムは日本の社会でどのような立ち位置になっていただろう」と考える。なぜなら、麻原からも事件からも「男ならではの負の側面」が感じられるからだ。

この日の面会では、そんな私の感覚を裏付ける話を聞いた。

「ところで『オウムにチベットの高僧が来た』という話があったけど、あれはどういう話だった？　今も心に残っていることとかあれば教えてくれる？」

だいぶ時間がたっているが、中村君は詳細を覚えているだろうか。

「う～ん……当時ね、カール・リンポチェという高僧が来られて、そのときに高僧から教祖は曼荼羅を頂いたんだよ」

「曼荼羅って、どんな曼荼羅？」

「『東西南北』となっている曼荼羅。でも教祖は途中から、それすらも『麻原流』に変えて使い始めたんだ。横軸を勝手にカットして縦軸のみ使用するようになった。そのあとから細かな『階級制』ができて、『縦社会』『男の力』が増していった」

「麻原って、そもそも男尊女卑っぽいもんね」

「そうそう。それで『平等心』とか『女性』の軽視などが目立ってきたね。麻原が男だから、男の力、教団の力を誇示する感じになっていった。曼荼羅すらもねじ曲げて使われるようになっていったからね」

呆れるような顔をして中村君は続けた。

「縦軸のみにして、その後、10階級など細かな階級制になっていったから……。今も知らずにその曼荼羅を使っている人がいるんじゃないかな」

中村君は「違和感を持ってはいたんだけど」とでも言いたげだった。


もしもあの時……


「じゃあ、中村君が今も無念に思っていることってある？　いや、全てかもしれないけど、特に無念なことがあるとしたら、どんなこと？」

「坂本弁護士一家殺害事件。もしあのときに教団に警察の強制捜査が入っていれば、僕も辞めていたと思うよ」

それを聞いて私は驚いた。

「え、中村君は坂本弁護士一家の事件は教団が起こしたって知らなかったの？」

「知らなかった、知らなかった！　教団は事件に関与してないと、ずっと思ってた。でも、もし僕が早くに事件の計画を知っていれば、なんとか事件そのものを回避できたのではないか。そう思うと今も本当にすっごく残念な思いがある。特に悟のことが……」

巻き込まれるように事件に関与した端本悟を思い出してのことだろう。中村君は悔しさと悲痛さがにじむ表情で語った。

この話題については、もっと具体的なところまで掘り下げたかった。

「それはなぜ？」

「僕は本当に（非倫理的・非合法行為を推進する）『ヴァジラヤーナの教え』というのが苦手だったんだ。あの事件のとき、わざわざ鍵が開いてるのを確認して教祖に報告した人がいるんだけどね［＊2］。僕が、その場にいたら何とか事件を止められていたのではないか、と何度も考えてみたよ……。

でも、この事件の後に強制捜査が入っていれば、僕も辞めてたというか、教団が壊滅することになってただろうから、そりゃあ辞めてたよね。そしたら松本サリン事件も地下鉄サリン事件も起きてなかった……」

編注［＊2］ 坂本弁護士宅の鍵が開いていることが麻原に報告されたことで、坂本弁護士だけでなくその家族まで殺害対象になったとされている。

中村君は、このまま消えてしまいたいとでもいうように哀しげな口調で話した。

「残り時間あと3分」

看守の合図が入った。

「なるほどね」

「なんでいちいち教祖に、そんなこと報告するのかなぁ。『そんなことをわざわざ麻原に言えば、そうなるの目に見えてるでしょ』と思うことは他にもあったけどね。自分から麻原に言いに行っておいて、後で『麻原から指示された』と愚痴を言ったりしてた人もいたけど。だったら余計なこと言いに行かなきゃよかったのにと思うことが何度もあったよ」

「例えば？」

「例えば、単にヘリコプターが飛んでるだけなのに『米軍のヘリコプターが飛んでます』と教祖に言いにいく人とか。他にも、例のSという他の宗教の悪口を麻原に伝えて煽りにいった人がいるんだよ」

中村君の話からは「教祖に認められたい」という男性信者ならではの承認欲求を強く感じた。

「でも、中村君も信じていたのに、なんでそういうこと言わなかったの？」

「信じてたけど……そうなりそうなこと（教祖が怒り出して非合法で暴力的な事態につながりそうなこと）は、自分が本当に苦手だったからかな。もともとの性格もあるんじゃないかな。

それとオウムの最初の頃から教祖に『おまえは甘えん坊だ。それに女みたいだ。娘の〇〇と似ている』と麻原の娘さんの一人と似ていると言われてたからね。最初は本当にかわいがってもらったんだよ」

中村受刑者には「坂本一家事件の際にメンバーに自分が入っていたら、この事件自体をうやむやにできた可能性があったのではないか」という無念の思いがあるようだ。

彼の「本当に無念だ」との言葉に、嘘はないと思った。

第二章で、林泰男に届いた「元信者Nさんからの手紙」を紹介した。

元信者Nさんは坂本事件の前に教団を脱会していたが、偶然道で教団の信者Tに出会った。その後、Nさんと現役信者Tが連絡を取り合っていたことが教祖にバレてしまったそうである。

Nさんからの手紙には

「僕（Nさん）かT君、どちらかが盗聴されていたようです。そして教祖から僕にポア命令が出ていたとき、（それを知った）中村君が延ばし延ばしうやむやにしてくれたようです」

と書かれていた。

この手紙を思い出すと、中村君の無念に思う気持ちは口先のものではなく、本心からであることがよくわかり、心が痛かった。

また他にも、中村君は、ポリグラフ反応の結果から麻原が具体的に出した「ポア命令」も、麻原に直談判して回避していた。

だから中村君の気持ちは、痛いほどわかる。しかし同時に、それは彼が知り得た事件を防ぐだけの対処療法にすぎないとも私は思う。

当時から温厚な人柄の信者であった彼は、確かに他の人を守るために行動していた。しかし承認欲求の強い信者や押しの強い上の立場の信者に引きずられて、結局は自分も事件に関与してしまう結果となった。麻原を焚きつけた信者たちは、麻原を恐れていたからこそ、恐れる相手にこそ承認されたいという形で自己顕示欲を発揮してしまったのだろう。

師を誤ることも不幸だが、事件を強行した人間に引きずられて有罪判決や死刑判決を受けた中村君のような信者は、不幸のなかでもさらに悲運だと私は思った。

「承認欲求」とは、「自分が価値を感じた対象に、自分の価値を認めてほしい」という欲求だ。

ある死刑囚からもらった手紙に、

「○○と××に思いやりが欠けると言われました。結局、価値観の違いかもしれません。私は、私の価値観に従って思いやりを尽くしたつもりでもね。しかし、公判中に証人として、そのような証言をする人自身に思いやりがあるのか？　嘘をつく人に限って、そういう証言をするのは面白いものです」

とあった。その手紙を読んで私は、オウムを脱会しても、結局「認められたい相手」が変わるだけの元信者もいたのだと痛感した。

「じゃあ、もうそろそろ時間だ。今日はありがとう。私もあらためていろいろ考えたくなったよ。じゃあ明日、また来るね」

「こちらこそ、本当にどうもありがとうございました」

中村受刑者はいつものように一礼すると、看守と一緒に扉の向こうに去っていった。

刑務所から外に出ると、9月の日差しはまだまだ強かった。

15年の歳月

2018年9月26日

「おはよう」

「おはようございます」

一礼して中村君は席に着いた。

「今日は、どう？」

「う〜ん、やっぱり熱が38℃超えてるから、あまり暑さは感じないよ」

「……そうなの？」

私には、じっと座ってるだけで汗ばむくらいの気候だった。

「あ、でも大丈夫。どうぞ」

黙っていると面会時間はあっという間に過ぎてしまう。この日も中村君のほうから話を促してくれた。

「あらためて聞いておきたいことがあるんだけど。なぜ私は中村君から身元引受人を依頼されるほど信頼されたの？　たまに聞かれるんだけど……」

それを聞いて、中村君は話し始めた。

「あれから（面会や手紙を始めて）15年。最初に、それまで裁判を傍聴したことや法律の勉強をしていたこと、それに大学時代に社会学にも関心があった話やチベット仏教など宗教的なことも聞かせてくれたからね。大学の卒論も見せてくれたでしょ。きっかけのNさんのことも、僕がよく知っている元信者だったから話の経緯がよくわかったよ。

長い間文通や面会をして人柄もわかり、話していて怪しいとか言動と行動の矛盾も感じたことがなかったよ。疑う人のおおかたは先入観とか色眼鏡とか思い込みから見ているんだと思った」

中村君は私の家族のことにも触れた。

「そしてなにより、医療刑務所に入院したときも、旦那さんや娘さんと一緒にお見舞いに来てくださり、家族の仲の良さや温かさを感じてこれたことも感謝してます。拘置所にいるときから旦那さんや娘さんも嫌がらず、僕たちのことを考えてくれて本当にありがとうございます。

刑務所に移送されて、たとえ面会できなくても旦那さんが運転して夫婦で一緒に来てくださった話も本当に感動しました。そんな長い歳月の中で家族の温かさと温情に、ただただ申し訳なさと、本当に心から感謝し信頼しています」

話し終わらないうちから、中村君はまた頭を下げた。

「いろいろあったもんね。Nさん騒動とかね」

私は苦笑しながら言った。

「あのとき助け船を出してもらったことは、今もすごく感謝しているし、私にとって大きいよ。本当にありがとう！」

私があらためて当時のお礼を言うと、中村君は、この15年間で一番と思えるくらい、心の底からうれしそうな笑顔を見せた。

「それにしても長い付き合いになったよね」

「僕も幼馴染みがいるけど長く会ってないし……教団とも離れて長いからね」

「確かに！　教団にいたのは23年前だもんね。もう教団にいたときより刑務所のほうが長くなったね。ここまで来たら一蓮托生！　いろいろこれからも一緒に考えていこうよ。私の家族も世間に戻ってくる日を待ってるからね」

過去に戻って事件を阻止することはできない。その悔しさと無念さをどうすれば未来につなげられるのか。私はいつも前を向いていたい。

ねじまげられた「故意」

「ところで中村君は、無期懲役という判決について、どのように考えてるの？」

「まず僕は19歳で出家。最初は教祖のことをお父さんみたいに感じていたから、その愛着もありマインドコントロールからなかなか抜け出せなかったんだ。それが検察の印象を悪くしてしまったことが随分影響して、無期懲役につながったと思う」

中村君の話は松本サリン事件へと続いた。

「松本サリン事件では『サリン』が何かもよくわからず警備を頼まれたんだけど、説明には参加していないんだ。最初、共犯者が『説明時に参加した』って言ったことは、後から間違いだと思い出して検察に説明してくれたけどね。

だから、サリンがどういったものかわかってなかったから『知らなかった』と説明したけど、検察からは、わかっていたはずだから『未必の故意』ということになってしまったんだよ。地下鉄サリン事件の前だったんだよ。それに松本サリン事件の後に車のプレートにかかったサリンを、共犯者から安易な方法で掃除を頼まれてね」

「誰に？」

私がそう尋ねると、中村君は話を続けた。

「村井。掃除といっても、頭にビニールをかぶっただけの軽装。それで『ホースで水をまいて掃除しておいてください』と言われてね。それで僕は言われたとおりにしたら、その後、目の前が暗くなって、意識を失って死にかけたんだよ。そんな危ないものだったら、頭からビニールかぶったくらいで済まないでしょ？　普通の透明のビニールだよ。

本当に、サリンが何かなんて知らなかったんだよ。だいたいあのときも村井が寝坊したから、僕は『裁判所の妨害とか、今から行って何するのかな。何か意味あるのかな』と、嫌だったから止めたんだよ。結局は、村井が寝坊をしたことを麻原に知られたくなかったか、まだ間に合うかもしれないと思って強行したんだよ」

「う〜ん。じゃあ他の人は？」

私がさらに尋ねると、中村受刑者は答えた。

「もちろんそれは、以前使ったことがある村井やN、そしてサリンを作った人はサリンが何か知っていたでしょう」

それにしても「未必の故意」とされたのはひどい話だ。あまりにもゴリ押しの判決だと思った。

「未必の故意って……サリンのことを知らなかったなら、再審とかできないの？」

「無理だよ」

「え、なんで？」

「だって、知らないということの新しい証拠はないし。再審は新しい証拠がないとできないから」

「じゃあ、サリンの説明時は何してたの？」

「身体の具合が悪くて、他のところで寝てたんだよ。だから、その場にはいなかった。『後から思い出した』って、彼（証言者のN）は僕に謝ってきたからね。それで検察にも話してくれたし。まぁNは性格が大ざっぱだからね」

「大ざっぱって……。それで許せるのがすごいね。まぁ、わざとじゃないから怒っても仕方がないんだろうけど……。でも検察はそれで後に引けなくなったんじゃないの？

じゃあ、事実とは食い違う部分があるとしても、なぜ自分が無期懲役になっているのか、その理由は把握しているというわけだ」

「うん、それは」

「まぁ、ここぞとばかりの無期懲役判決の理不尽さと、亡くなった人や遺族の人にとって、中村君は知らなかったとかいう問題は違う話だからね。被害に遭った人にとっては、中村君がサリンかどうか知らなかったとかは『こちらは知ったことじゃない』という話だもん」

「もちろん。本当に申し訳なくて……」

中村君は下を向いて消え入りそうな声で言った。

とはいえ、重すぎる理不尽な判決によって、被害者にも事件の詳細が歪んで伝わってしまうようにも感じた。

オウム事件をはじめとするカルト宗教による事件で恐ろしいことは、当事者である信者自身、全体像や詳細をよく知らないままに事件に関与してしまうところだ。言われるがままに上の命令に従い、訳もわからずに関与してしまう。全体像を知らぬまま「事件全体の一ピース」となる。

しかし、目が覚めたときには、そこには悲惨な運命が待っている。罪のない他人を苦しめ、命を奪うことに関与した挙げ句、自らの人生まで台無しになるのだ。

今も残るエゴ

私は中村君に語りかけた。

「あのね、反省するのはいいけど、度が過ぎた反省って反省とはいわないと思うよ。それって単に、自分をイジメている自己満足になりかねないもん。一言で『被害者の人』と言っても、いろいろな考えの被害者の人がいるでしょう。

だから、前から他の死刑囚にも思ってたことなんだけど、『被害者の気持ちを考えたら』とか『被害者のために』っていうのには、なんか違和感を感じる。それはあくまで『自分が想像する被害者の気持ち』じゃないのと思った。相手の痛みや気持ちを考えるということは、すごく大切なことだと思うけど、中村君が想像する被害者の気持ちによって中村君が苦しむことは、反省や贖罪につながっているとは必ずしも言えないんじゃないかな」

「うん、うん」

中村受刑者はうなずきながら私の話を聞いている。

「贖罪や、エゴや利己的な気持ちを『手放す』ということについて考えると、変なふうに誤解されないか、本当に反省してるのかと問われたらどうしようとか、考えてしまうでしょ？　自分を誤解されたくないという気持ちは恐怖心から出てくるものだもの。でもそういう考えや気持ちって、『自分を守りたい』というエゴから出てくるものだから、『手放す』ことと矛盾するでしょ？」

私は続けた。

「だから『匿名』という発想は〝自分＝名前〟と考えていて、その名前をコントロールしたいという欲だと思う。自分の名前で美談が世の中に出回ってほしいと思うことと結局は同じことじゃないかな。自己顕示欲でアピールする人と匿名の人は〝自分の名前〟に固執しているという点で同じ。その欲望がダメということではなくて、被害者のためという〝利他心〟とは矛盾するんじゃないかな……」

「うん。僕も、ある死刑囚が死刑といわれてから、自分に都合の良いことや嘘を話さないなど少しマシになったかと思ったら、そうでもなくて残念だったよ。

やっぱり死の間際だから、『自分の名前を良いふうに世の中に残したい』という思いからなんだろうなと。

やっぱり死の間際になると『遺伝子を残したい』というオスの本能からか、手紙を大量に出したり、とにかく世に何かを残したいと思ってしまう人もいるんだなと思った」

「そう、オウム信者が言う『救済』というのは、個人という主体性を放棄したように見えるけど、『自分たちのグル』や『自分たちは救済者だ』という考えは結局、自意識過剰の自己愛だったと思う。

そういう主体性なきエゴから脱出しないと、悟りや解脱どころか……。そもそも教祖の被害妄想も、自意識過剰が原因の一つのように思う」

「匿名」と「実名」に関連して、中村君にも思うところがあった。

「僕も、事件の事実を歪めた形であちこちに話して、それが伝わって残っていくのは問題があると思ったよ」

「でしょ。名前を出してしゃべればいいというものでもないけどね。中村君が、事件の事実が歪められた形で伝わっていくことを懸念する気持ちはわかる。事件を歪めて話す人は、きっと、自分は良い人でいたいという自己像と脚本が先にあるんだよ。中村君みたいに必要ならば名前を出すという今の形がいいんじゃない？」

「うん。でも刑務所にいると懲罰とか恐怖が背景にあるから、恐怖を根本的に手放すのはなかなか難しいんだけどね」

「確かにね。私も恐怖から、誰か私の代わりに私の役をしてくれたらいいのにと思ったことが何度もあるよ。初めて塾の授業で話したときとか（笑）。

そもそも、いつも人は生まれてからの記憶にある『私という役』をしているのかもしれない。だから中村君も、真剣に生きるのはいいけど、深刻になりすぎると健康を害しちゃうよ。自分の身体の悲鳴に耳を傾けてね」

「ありがとう……」

せっかく盛り上がったが、もう面会終了の時間だ。

「中村君、今日もありがとう。明日また来るね。お疲れさま」

「いや、こちらこそ本当にありがとう。本当に感謝してます」

看守に連れられて扉の向こうへと去る中村君の痩せた後ろ姿を見送ると、私は面会室の扉を開けて、すぐに大きく深呼吸した。

今の私は「身元引受人」という立場だが、これには教戒師のような明確な職務や、依拠できる確固たる社会的な枠があるわけではない。

彼らと長く接していると、どうしても「反省」と「贖罪」について自分でも考えざるを得ないが、そのような繊細な事柄をどう話してよいものか、適切な対応が取れていたのかと戸惑ったり葛藤することがある。

だからこそ、私がまず自分自身を励まし、赦さないことには始まらないのだ。

盲信の愚かさ

2018年9月27日

25日、26日に続き、3日連続の面会。

面会時間は一回につき30分だ。

この面会室での「30分」は、外側の世界の時間感覚とはまるで違う。非常に密度が濃く、そして短く感じる。そこでは言葉でのやり取りだけでなく、同時に「二人の共有意識空間」が生まれる。

閉ざされた面会室には、窓はもちろんのこと、音楽も壁時計もなく、小さな絵画一枚すら飾られていない。さらに「ないはずのアクリル遮断板」と「いないはずの看守」が存在している、異質な空間なのだ。

この面会時ほど目の前の人間のみに集中する機会は見いだし難い。

これまでも私は長いこと、中村君たちと真剣に対峙してきた。

しかし、あらためて事件当事者である彼と差し向かいで、教団や教祖、事件そして死刑と、核心に触れる話題に切り込むと、緊張してエネルギーを消費するのだろうか。たった30分の面会時間だが、このところ面会が終わると、それまでとは違う疲れを感じるようになっていた。

面会室に現れた中村君に私は元気よく声をかけた。

「おはよう！」

「おはようございます」

一礼する中村君の痩せ細った身体からは、乾木のような雰囲気が漂っていた。

私は早速、その日最初の質問をした。

「当時、麻原の全能性について疑ったことってなかったの？　どうしてここまで盲信できたの？」

「うん、教祖の全能性については時々疑問もあったけど、麻原から『シャクティーパットをしているから、エネルギーが落ちる』とか、そういう理由を聞くと『そうなのかぁ』って信じてしまっていた。あとは、弟子の帰依を試す『マハームドラー』(意味のわからないことをさせて、あえて観念を崩す修行)などと言われて『そうなのかな』と思ったりもしてしまった。

でも、熱いサウナルームで何度も何度も炭疽菌作りを手伝ったとき、『なぜ、こんな失敗ばかりで無意味なことをするのか』と腹が立ったこともあるよ。そういうときに、女性信者のIさんに愚痴を言ったこともあるけど、彼女は麻原がよく話すチベットの逸話を持ち出して『教祖は私たちのことを思って、わざと何度も無意味なことをさせる修行をさせてくれてるのよ』って。僕はIさんがそう言うのを聞いて『そうなのかな。なるほど』と、自分を納得させてたんだ。そういう感じで信者は『シャクティーパットでエネルギーが漏れてるから』『修行のためなんだ』『試されているんだ』そう思って思考停止していたね」

私は、中村君と自分を励ますつもりで、純朴に麻原を信じ込み会話をしていたその女性信者のことが不憫に思えた。

事件当時ニュースに流されていた彼女の、かわいくて色っぽい顔を思い出しながら、私は中村君に尋ねた。

「あ、ごめん。話の途中だけど、ちょっと以前から気になっていた女性幹部の話を聞いてもいい？　当時、教祖の近くにいた女性たちは、宗教的な部分で役立ってくれる人として、教祖のことをいわゆる『先生』とか『グル』と思っていたのか、それとも恋愛感情があったのか、どちらなのかな。中村君はどう思う？　下世話な質問かもしれないけど」

「それは……どっちも、だと思う」

私から質問しておいて、その答えには混乱してしまった。

「え、そう？　どっちも？　やっぱりというか、？わかんないなぁっていうか……すごいなというか……なんて言えばいいんだろう。そうすると、脱会後は精神的にきつそうだね。だって目が覚めると、教祖としても男としてもダブルで失望でしょう？」

　そう言って私は話を戻した。

「それで、無意味な炭疽菌作りを修行として手伝っていた後は？」

「それで当時、炭疽菌を『ＣＣちゃん』、ボツリヌス菌を『ぼっちゃん』と言ったり、『神経系の毒だから臨死体験ができる』『サマディー（涅槃）に導いてもらえるな』と思っていたり、本当バカだった。高校出てから短大も中退だし、化学の知識も無知だったし、愚かで、本当にバカだったんだよ！」

　過去の自分は唾棄すべき存在であるかのように、中村君は珍しく強い口調で「バカだった」と繰り返した。

　その様子を見て私は、そこまで盲信していたのになぜ脱会に至ったのか、経緯を教えてもらいたくなった。

「じゃあ、脱会はどうしてだったの？　『脱会しているのに、なぜ教祖を批判しないんだろう』という中村君への疑問の声を聞いたこともあるけど？」

「自分は、脱会については、裁判などの教祖の様子も含めて、段階的に目が覚めていったからね」

中村君は自らの愚かさを恥じるように話した。

「『騙された！』と思うと、怒りでいっぱいになるんだよ。だからいろいろ言いたくなる。でも『こんな人に付いていったのか……』と思うと『自分がバカだった！』ということになるからね。教祖に責任転嫁しても何も変わらず、結局は、そんな人間に付いていった自分に見る目がなく、無知でバカだったということなんだよ」

「ちょっとその、『脱会が段階的だった』っていう話、そのあたりのプロセスを詳しく聞きたいから、手紙に書いてくれる？（第九章掲載の手紙で補足あり）」

そして私は、あらためて中村君に聞いた。

「それで、教祖の死刑執行に関しては、どう思った？」

「何も、特に思うことはない」

中村君は憮然とした表情で答えた。

私は「ちょっとぐらい何か思ったはずだ」と口にしようとして、やめた。

彼の表情から「今さら何を思っても仕方がない相手」という諦めを感じたからだ。

50歳を超える少年

私との文通を始めた頃、中村君は

「教祖には、間違いを間違いと認めて被害者の人に謝罪してほしい」

と手紙に書いてきていた。

だが麻原は結局、間違いを認めることも、被害者に謝罪をすることもなかった。

自らの間違いなどについて麻原が弟子に向けて言葉を発しなかったことが、彼に従った果てに「無期」や「死刑」判決を受けることになった元弟子たちにとっては梯子を外されたようで、気の毒にも感じた。

中村受刑者は、さまざまな本を読み、思索し、見る目がなかった自分や信仰そのものを根本的に改めてきた。

彼の真摯な反省の一助になればと、私は今も本の差し入れを続けている。

「事件について考えると本当に恥ずかしい。救済だと信じて、人を苦しめてしまい……被害者の人たちや遺族の方の苦しみや、苦労を思うと、生きてることすら恥ずかしくて、生きててよいのか、何度も何度も死にたい気持ちで……本当に申し訳なくて、生きてることが申し訳なく……」

私は彼の言葉をさえぎった。

「中村君、それは違うよ。加害者がいくら苦しんでも悲しんでも、被害者の苦しみは減らないし、元どおりの生活になんてならないんだよ。加害者が『生きてることが苦しい』とか、そんなことを思っても、被害者の生活は元どおりにならないんだよ」

私の記憶は自分の事件へと重なり、いつの間にか声が震えていた。

「被害者は、現実に起きてしまったこととどう折り合いをつけて生きていくか必死で、自分で考えて生きていかなきゃならない。加害者を恨んでも憎んでもどうにもならない。それがどれほど苦しいことか……」

中村君は顔を歪ませ、泣きだしそうな声で話した。

「本当に生きてることが申し訳ない。そう思いながら、生きるとか死ぬとか、生きたいとか、死にたいとか、そんなことを考える権利すら、そもそも違う、そう思い始めて……今はただ、本当に日々、生きさせてもらっている。ほんの少しでも、ささやかでも役に立てそうなことを考えて、ただただ生きさせてもらっている。本当に、本当にありがとう。こうして支えてくれて、本当にありがたいと思ってます」

一呼吸おいてから、私は中村君に話しかけた。

「中村君には生きて償いを考え続けてほしい。そして、生かされた命なんだから、こんな悲しい事件が再び起きることがないよう考え続けてほしい。苦しいからこそ生きないと……」

中村受刑者は、私たちを仕切るアクリル板の向こうで深く頭を下げた。

「じゃあ、また来月。また来るから来月よろしくね。また手紙も書くからね。くれぐれもお大事に！」

「本当ありがとう。ありがとうございます。こちらこそよろしくお願いします」

中村君は深く一礼すると、いつものように看守に連れられて戻っていった。そして私も、外の世界に出ると、いつものように大きく深呼吸をした。

15年たっても、中村君はやっぱり中村君だ。

今なお私に、毎回深く一礼する。仲良くなってからも、こういうところは実に折り目正しい人だ。

オウム入信時に若者であった彼も、もう50歳を超えようとしている。しかし、いまだに15歳の少年のような純朴さが垣間見える人だ。

第八章　中村昇受刑者との対話

第二節　幻想から覚めて

「脱会」について

2018年10月22日

「おはよう！　どう体の具合は？」

その日、面会室に入った私は、まず中村君に体調を聞いた。

「おはようございます。いや、下血はようやく止まったけど、熱も39℃を超えていて、あれからまた具合が悪くなって咳が一昨日も止まらなくなって……」

マスクをした中村受刑者の声は、かすれて聞き取りにくく、輸血が必要なのではないかと思うくらい痩せ細って、顔色も青白かった。

しかし中村君は、どうにか私に笑顔を見せた。

彼らとの交流で、私はいつも「日常」を彼らに届けようとしていた。だが、このところ面会時の中村君との話題は、事件の核心に近づく内容が多く、日常から離れている。また長年の付き合いがあるからといって、答えにくいであろうことを突っ込んで聞くことには心苦しさがある。

なぜなら、中村君とのやり取りの手段が手紙しかないため、面会後の心のケアを十分にできないからだ。

それでも私は、彼には無期懲役という刑罰以外に、たとえ心から血を流すことになったとしても贖罪の一つとして語ってもらいたい。

私自身も精神的にきついところがあるが、共に心から血を流す覚悟を決めてこのような質問を続けることにした。

面会には看守が同席している。中村君の生々しく恐ろしい話も、看守は顔色一つ変えずにメモし続ける。

中村受刑者も取り調べや裁判を通して、もしかしたら「聞かれ慣れ」しているのかもしれない。

中村君が脱会に至ったプロセスを一つ一つ追っていくと「カルト宗教に迷いが生じている場合」のヒントになるのではないかと、私は考えていた。

「前に言ってた『段階的に脱会していった』という話だけど、段階的ってどういう意味？　どんなふうに脱教祖の心境になっていったの？」

「脱会には二通りあるんだよ。一つは『罪を軽くしたい』と思って形式的に脱会するケース。もう一つは本当に脱会するケース。『本当に脱会』といっても、教祖がいた頃は、教祖が脱会届を受け取って認めないと正式脱会にならないということだったけど。『本当に脱会』しても、早川さんとかもそうだったけど、僕も教祖宛てに脱会届とか出していない。そのあたりは教団の視点と、世の中の視点では少し違う面もあるかもしれない」

中村受刑者は咳き込みながら語った。

「で、どうなの？」

「いや、もちろん世の中の視点でいうと僕は正式に脱会しているよ。ただ、脱会届を教祖宛てには出していないということ。出しても意味ないからね。

そして脱会に関して言うと、恨みから脱会したパターンだと、（自分の場合とは違って）即脱会ということになるけど、恨みの場合、いろいろ他人のせいにしたくなりがち」

「で、中村君はどういうプロセスで脱会できたの？」

「まず逮捕されて、最初は（教祖には）正しくあってほしいという気持ちだったよ、高裁前までは。願望もあったと思う。直接教祖を目で見てなかったというのもあり、弁護士を通じて教祖にどんな修行をしているか聞いたり、どんな修行が良いかの質問をしたこともあった。だけどその後、裁判所で教祖の様子を見て、あぁ……いろいろ（検察などから）聞いてたとおり、やはり狂ってるなぁと思い始めた。そして1999年にハルマゲドンがなかったことにも失望した。以前なら『シャクティーパットでエネルギーを漏らしているから予言が当たらないのかもしれない』と思っていたけど、逮捕されてシャクティーパットもしていない。そうなると、やはりこの人は本当のグルの力がなかったと思い始めた」

中村受刑者は続けた。

「最初は『弟子たちの悪業やカルマを自分が背負う』と言っていたんだから、教祖としたら、狂ったふりより、どのみち死刑は避けられないのもわかっていただろうし、弟子のカルマを背負うと言ったほうが〝素晴らしいグル〟と思う人もいるかもしれない。だけど、やっぱり本当はグルの力もなくて、おかしくなってしまったのかなと思った」

「確かに」

私は相づちを打った。

「あとは、脱糞した話や娘さんたちの前で下半身を出した話などいろいろ聞いて、一審の不規則発言も合わせると、やっぱりこの人は発狂したんだなと思ったよ。

経緯の中では浅見定雄先生（日本脱カルト協会顧問・宗教学者）から『マインドコントロールの

恐怖』（スティーヴン・ハッサン著、浅見定雄訳）を教えてもらって読んだりもした。

インドの古い物語に、昔から教祖がよく言っていた話なんだけど『大泥棒でも聖者のふりを一生していれば立派な聖者になる』というものがある。でも現実を見たり、話を聞いて、やはり教祖自身もグル幻想で、弟子も教祖に対するグル幻想でしかなかったという思いが大きくなり、脱会、そして脱教祖につながっていったよ。このあたりのことは早川さんの本にも書いてあるよね」

中村君は、どのように教祖から気持ちが離れていったか、その心のプロセスを語ってくれた。狂気とは過ぎ去った後からわかるもので、渦中にいるとそれを「正気」と思ってしまうのだろうか。

「教祖は『最終解脱』って言葉を使っていたけど、それは他では聞いたことない言葉だけど？」

「いや、インドのヨーガにある言葉なんだよ。それを使っていて、（入信した）最初の頃にインドのパイロットババ（「ヒマラヤで修行した聖者」といわれている人）に会いに行って、その修行で最終解脱するとは言っていた。だけど途中で帰ってきて、パイロットババが日本に来て水中サマディーするとか言ってたけど、来れないことになって……。

パイロットババもいろいろ聞いていた話と違うこともあって。とにかく、いろいろあったんだよ。その後Iさんというヨーガをしている女性から教祖に注意が来たりして……でも聞く耳を持たなかったけど」

「残り時間、あと3分」

看守から合図があった。面会は驚くほど時間がたつのが速い。30分が通常の倍速に感じられるほどだ。

私は軽くため息をつき、刑務所の病人用の服を着た中村受刑者に挨拶した
「じゃあ、また明日。ありがとう！　くれぐれもお大事にね」

「うん、ありがとう。また明日よろしく。じゃ」

そう言って中村受刑者は扉の向こうの世界に帰っていった。

私は、中村君の後ろ姿をあと何回見ることになるのだろう。

看守に連れられていく中村君は能面のような表情をしているのかもしれないと想像すると、泣けてきそうになった。

人の不幸は蜜の味

2018年10月23日

午前5時30分。朝一で面会するために、私はいつもより早く起床した。ホテルの部屋から外を見ると小雨が降っている。

1本乗り過ごすと次のバスまで2時間以上あるので、絶対に寝坊できないのだ。

目的のバスに乗り、刑務所前には面会受付時間より少し早く到着した。

「おはようございま〜す」

看守らしき人たちが守衛さんと挨拶を交わして次々と刑務所内に入っていく。

「中に入って待ちますか？」

少し肌寒い気候のなか、守衛さんが気を使って声をかけてくれた。


「おはよう！　どう？　今日は」

「おはようございます。うん、昨日は少し咳がましになって、声が少しだけ出るようになったよ」

昨日は一晩中咳が出ていたのだろうか。そういう中村君の声は確かに昨日よりは聞き取りやすかった。

この日は中村君のほうから話を切り出した。

「昨日の続きだけど、まず前提としてマインドコントロールがあったということは非常に重要なんだよ」

中村君の表情からは昨日より少し覇気が感じられた。

「まだ届いてないかもしれないけど、手紙にも書いたんだけど。マインドコントロール。その理解も進んで洗脳が解けていったわけなんだけど、それは『生存（維持）と地獄の恐怖で心を支配されていく』ということ。村井が死んだことも、マインドコントロールが解けていった理由の一つなんだ」

「村井の死？　あの村井さんね……」

「『自分たちはシヴァとグルに守護されている』（マインドコントロールには）そういった子供じみた全能感もあった。だから村井のように、帰依が深く『ステージも高い』者が殺されたというのは大きかった。『守護されているはずなのに、違ったのかな……』『深い帰依があったら簡単に死ぬことはない』と思ってたけど、そんな思い込みも村井の死によってなくなっていった。

それで、教祖は最初『（神軍を率いる）アビラケツノミコト』とか言ってたけど、それもおかしかったのかなと思い始めた。その後で『インドに最終解脱しに行く』と言っていたけど。そもそも最初から、実はそうじゃなかった！　最初からおかしかったんだ！　そう思い始めてきて……」

「それで？」

「だけど、教祖にとっては『良い話』。弟子にとっては『不幸と災難』が続いていったんだよ。例えば初期の教団内で起こった信者殺害などの事件。あのときはまだ解脱していないはずの人間も事件に関与させられてる。早川とかね。あの事件の後で教祖は早川に集中的に修行させて、そのときに早川は、神秘体験をしているようなんだよ。

事件に関与させる。その後、弟子に集中修行させる。神秘体験などを生じさせる修行。そして事件も発覚しない。そうなると弟子は、自分が関与した事件と修行の神秘体験を結びつけて、教祖への盲信を強めていく。そういう事態が続いていったんだよ。事件がなかなか発覚しなかったことも『教祖の力だ！』となっていく。その後は、手っ取り早く体験できるように薬物を使用して神秘体験をさせていくんだけれど……」

「なるほど、確かに！　教祖にとっては良い話。弟子にとっては不幸だね」

中村君のたとえは実にわかりやすかった。

「そうそう、教祖からすると（都合の）いい話が続いてしまったんだよ」

人の不幸は蜜の味。中村君が話す「教祖にとっての良い話」から、そんな言葉が浮かんだ。

人とのつながり

中村君は続けた。

「僕が拘置所にいるとき、教団を辞めた元オウム脱会者から『ある教団幹部たちが逮捕されてホッとした』って手紙が来た。そこには、脱会してからも○○と××たちが夢に出てきてうなされたり『連れ去られる恐怖』があったとも書いてあったよ。

逮捕者に関しては、僕の場合は、教祖が逮捕されることにより身体的には保護されたけど、今度は死刑になるかもしれないという生存の不安が襲ってくる。そして、このまま教祖を信じていていいのかという不安も出てくる」

「その後はどういう心境だったの？」

「以前みたいに『マハームドラー（教祖の試し）』や『神々などの視点から見たら意味があるはず』などとは、もう思えなくなっていた。死刑を避けきれないと教祖はわかっているはずだから、何か言ってくれるかと期待してたけど確認もできないし、弟子のせいにするし、だんだん不規則発言しか聞くことができなくなるし……。

あれだけの事件で、いくらなんでも自分は死刑になるって、わかってたはずでしょ。『弟子のカルマを背負う』って言ってたんだから。死刑になる前にそういった発言があったほうが、弟子も『やっぱりグルだ！』となって、いい格好できるはずなのに。そういう中で、もう一つ押さえておくことも自分の中ではあったよ」

「もう一つとは？」

「僕が教祖に感じていた『お父さんのような愛着』については話したと思うけど、父親が事件の後に面会に来てくれた。そのとき父親は、僕への批判も、事件の批判も、教祖の批判も、とにかく一切批判せずに、気持ちを聞いてくれた。実際の父親との関係、父親の態度というものも大きかった。そういう教団とは別の、友（筆者）や外とのつながりも大きかったんだよ。このあたりは人によるかもしれないけど」

「なるほど……」

話の続きを聞きたかったが、

「残り3分」

と看守の合図が入った。

「あぁ……もっと聞きたかったのに。とにかくまた明日来るね。今日はありがとう。どうぞお大事に」

「うん、ありがとうございます。また明日。よろしくお願いします」

互いに挨拶を交わし、私は面会室を出た。

私は「信と生存の狭間の話」や「実際の父親との面会時の心境」をもっと掘り下げて聞いておこうと思った。

中村君が相当につらかった時期の具体的な心境と、そこを通過したプロセスを残しておくことで、いつか誰かの役に立つかもしれないと思ったからだ。

一体何を見ていたんだろう

2018年10月24日

この日の朝、私は起きた後、知らない間に再び眠ってしまったようだ。次に起きたのは刑務所前まで行くバスの発車15分前だった。洗面を済ませ、化粧はおろか髪もボサボサのまま大急ぎでバスに飛び乗った。

面会室に入ると、中村君は病舎の白い服で現れた。

「おはよう！」

「おはようございます」

中村君の痩せた青白い顔を見ていると、私は刑務所の面会というより病院のお見舞いに来たように感じた。

早速、この日も中村受刑者から話を切り出した。

「あ、あのね、昨日父の話したでしょ？」

「うん」

「父の話は、浅見（定雄）先生とも話したんだけど『社会性』ということにつながっていくんだよ。オルテガ［＊3］という哲学者の『私は、私と私の環境である』という言葉があるんだけど、当時は本当に社会性も感受性も失っていたと思うよ」

「オルテガ?」

私は初めて聞く名前だった。

「そう、オルテガっていう哲学者」

長く拘置所・刑務所に収監されている中村君は、大量の本を読み、いろいろなことを知っていた。


「あの頃、富士山にいたでしょ。なのに富士山なんて見たの、ほんの最初だけ。いま思えば、富士山あたりなら星もきれいに見えるだろうし、虫の声も聴こえただろうと思うけど、当時、そういう自然を全く感じてなかった。あぁ何を見てたんだろ……。聴こえてたのはヴィーンっていう、ほら、あのサティアンの機械音だけ。

当時、本当に何を見ていたのかと思うよ。あんなに自然が美しいところにいたのにね」

そう自嘲気味に話す中村君。

「あ、それでね、前にもらった『オウム神仙の会の最初のヨーガの修行はパイロットババの修

編注［＊3］ホセ・オルテガ・イ・ガセット。主著に『大衆の反逆』がある。中村受刑者が引用したのは『ドン・キホーテをめぐる省察』にある一節。

行か?』という質問なんだけど、確かにパイロットババとは会ってるけど、当初、教祖が使っていた本は、ヨギシヴァラナンダという人の『魂の科学』『魂の科学実践』と、(中沢新一さんの)『虹の階梯』なんだよ。それでね、岡崎(現:宮前死刑囚)が『この3冊で宗教団体を作れますね』って麻原に言ったら、めちゃくちゃ怒られてたよ」

当時の様子を頭に思い浮かべて苦笑しながら、中村君はそう教えてくれた。

「あはは、図星だからかな」

私もつい笑ってしまった。

24、25歳だった中村君がサティアンの機械音を聴いていたのは1990年代の初めのことだ。その頃の私はCHAGE and ASKAの「LOVE SONG」をよく聴いていた。

当時勤務していた会社と得意先の航空会社がタイアップしたイベントで、石垣島に行ったことがあった。ちょうどバブル崩壊の時期とも重なるが、それでも今に比べるとはるかにバブリーな時期だった。

私は中村君にサティアン時代の話を続けてもらった。

「それでね、当時は『出家したら3年で解脱させる』と教祖は言っていたんだ。新実にも岡崎にも、その後、結婚してもよいと」

「え! 全然話と違うね」

驚いた私が非難めいた声でそう言うと、中村君はさらに続けた。

「それで、逮捕された僕は『信と生存の恐怖』の状態だったんだけど、教団に残った信者は信じ続けたほうが楽なんだよ。死刑という恐怖も、被害者の方と向かい合うこともないから。幻想を信じ続けたほうが楽なんだよ。

最初は僕もいろいろな証言を聞いて、本当に教祖は狂ったのか？　正確な情報を……と思っていたけど、1999年のハルマゲドンは来ないし、その後は『彼』でも疑問を持ち始めてたけどね」

「彼って？」

中村君はメディアでよく見る元信者の名を挙げた。

「僕の宗教的疑問として、坂本弁護士一家殺害事件以降、反社会的な勢いが増していく教祖に違和感を感じ始めていたかな……。坂本事件は教団の犯罪ではないと信じてたけど」

「あ、そうそう、最初の信者Mさんの教団内での殺害事件の頃、中村君はすでに出家していたはずだけど、なぜ事件に関与させられずに済んだの？」

私は、以前から気になっていた「Mさん事件」について聞いてみた。それはオウムの一連の事件のうち、最初の殺害事件である。

「集中修行に入ってたから」

「え、そうなの？」

いまさらだが、彼が一つも事件に関与していないことがわかって、私は少し安堵した。

不思議な夢

「あ、最近〇〇死刑囚が夢に出てきてね」

私がそう話すと、中村君も続きを聞きたそうな顔をしている。

「いや、夢の話で悪いけど、すごいリアルだったんだよ。それも斬首！　筵《むしろ》に首から上だけ載っかってるの。

それから場面が少し前に戻って、彼が頭を持たれて、後ろから刀を突きつけられてる場面になってね。

そこでは誰かが『腹さばき』と言ってるの。私は腹さばきの意味がわからなかったから、後でネットで調べたら、斬首というより切腹の場面だったみたい。切腹では腹を十文字に切ることもあって、それで『腹をさばく』という表現もあるみたい。斬首と切腹ではちょっと意味が違うみたいだけど、武士は切腹のときに首も斬るみたいね。

それから最初の場面に戻って、落とされた頭部がこちらを見て、私と目が合う場面になるんだよ。

首からジワジワ血が筵の上ににじみ出して、意識がなくなって死ぬみたい。

その人が『絶命まで15秒あるかないかだぞ！』というメッセージを私に送ってくるの。私はその様子をなぜか柱の陰から見てるんだけどね。怖いなあ……15秒でも長いし、痛みを感じたくないから、自分はできれば10秒以内で済ませたいと考えながらドキドキしてたら、そこで目が覚めた。

目が覚めてもドキドキしていて、変な夢だと思ったんだ。しかもその翌々日、また彼が夢に出てきたんだよ……」

面会室では看守も私の話を聞いている。

あまりにも変な夢なので、話そうかどうかかなり迷った。

しかし、他にこんなことを話す機会もないので、中村君に聞いてもらいたかったのだ。

中村君からは意外な返事が返ってきた。

「僕も。僕も◯◯が出てきた」

「ほんと？　やっぱり」

怖がられるか軽く聞き流されるかと心配だったので、その返事を聞いて少しうれしかった。

「結局みんな、同じような感じで生まれ変わってくるのかなぁ……」

「う〜ん……確かにね……。だとすれば私は何だったんだろう」

私は相づちを打ちながら「子供の頃に斬首の夢を見た」と言っていた死刑囚を思い出した。

そして中村君が見た夢の話も聞いてみたかった。

「残り時間あと3分です」

しかし、看守から残り時間の合図が入ったのだった。

「あぁ……仕方ないや。じゃあ、また。また手紙書くね！　ありがとう。くれぐれもお大事に……」

「こちらこそ、ありがとうございます。じゃ、また。あ、あとで宅下げ（身柄拘束を受けている人から衣類や本などを窓口で受け取ること）受け取って。悟が好きだったという本。あれ読んで『あぁ……悟（端本死刑囚）は本当は宗教とかするつもりなかったし、本当はこういう普通の生活、こんなクリスマスが送りたかったんだろうなぁ……』って思ったよ」

椅子から立ち上がると、中村君は哀しそうな表情で言った。

中村君はいつも端本悟の話になると、無念さと哀しみが混じった何ともいえない表情になる。

「じゃあ、また！」


面会室から出ると、太陽が強烈に眩しかった。

駅に戻るバスの座席になだれ込むように腰掛け、宅下げで受け取った『Papa told me』という漫画を眺めていると、中村君の気持ちが刑務所から離れるバスの中にまで伝わってきたような気がした。

沈黙のまま逝った端本悟君を思い出し、私の目頭は痛いほど熱くなった。

麻原の興味

2018年11月13日

中村君から2通の手紙（第九章に掲載）をもらってから5日後。話の続きをするために私は刑務所に足を運んだ。

空は今にも雨が降り出してきそうな厚い雲に覆われている。

――今日はどうかな……。

中村君は6月以降ずっと体調を崩していた。

アナウンスが入り、受付を済ませて面会室の鉄扉を開けた。

バタンッと非常扉のような冷たい音を立てて扉が閉まる。

その瞬間、私は外界から遮断されたカプセルの中にいるような気持ちになった。

遮断板を挟んだ向こう側の扉が開き、顔を見せる中村君。彼が通ってきた扉は、こちら側からは触れることができない扉であり、私が通ってきた扉もまた、彼には触れることができない。

面会室に現れた中村君は、以前の白い病服から作業服に戻っていた。

「おはよう！」

彼の姿を見てうれしくなった私は、少し大きな声でそう挨拶した。

「どう、調子は？」

「うん。あれから注射をしてもらって……」

笑顔で答えた中村君の顔色には、先月より少しだけ精彩が戻っていた。

私はとにかく生きてる中村君の様子を見るだけでうれしかった。

「そうそう、先に聞いておかなきゃ。面会の回数は何回になった？」

次の面会の段取りを考えながら、私は持参した『チベットの祈り、中国の揺らぎ』（ティム・ジョンソン著、辻仁子訳）という本を鞄から取り出した。

「これ先日買って読んだけど、良かったよ。チベットの情勢とか公平な視点で書かれていて。読む？」

「あ、それ……この前差し入れてもらった目録に書いてあって、読みたいなぁって思ってたんだ」

私はアクリル遮断板に本を近づけて目次を見せた。

「じゃ、後からこれ差し入れしとくね。それで今日はちょっと聞いておきたいなって思ったことがあるんだけど。『アビラケツノミコト』って名前を教祖が言っていたという話。『オンアビラウンケン』って呪文が真言宗にあったと思うんだけど、あそこから思いついたのかなぁ。どこから考えた言葉なんだろうって」

私がそう尋ねると中村君は即座に答えた。

「あ、教祖は、むか〜し、真言宗にも興味を持っていたことがあってね。『何とかソワカ〜』とか言ってた時期もあるんだよ」

なるほど、納得だ。麻原がある時期真言宗に関心があったとは知らなかったから、聞いてよかった。

アビラウンケンから「ウン」を取ったような名前の神様。「真言宗よりすごい、自分だけに見える特別な神様が出てきてほしい」という願望から、教祖が脳内で作り出したのだろうか。

「教祖はね、最初、毛沢東とか共産党にも傾倒していた時期があったんだよ。お兄さんの影響らしいけど」

「え、共産党に？」

私は思わず聞き直した。

「うん。鍼灸師をしていたとき、そこから中国に関心があったみたい。麻原と一緒に中国に行ったとき『毛沢東が亡くなったのは、神が亡くなったようなもんだ。自分が次の毛沢東になるようにという示唆を感じた』って言ってたんだ。それで突然歌を歌い始めたから、僕が『なんの歌ですか？』って聞いたら『共産党の歌』って教祖は答えてた」

「歌まで……」

「でもその後で『朱元璋《しゅげんしょう》（明の始祖、初代皇帝）の生まれ変わり』だとかいろいろ話が出てくるんだけどね。毛沢東も随分めちゃくちゃなことやってるけど……。それで『次の毛沢東は自分だ』って言った後に『でも毛沢東の最期は、おかしくなっちゃうんだよな』って、自分が毛沢東って言い出したのに、そう呟いたんだよ」

「どうして？　自分で言い出したのに。麻原のチベット云々の話は隠れ蓑で、実は共産党が好きだったんじゃないの？」

私はそう疑問を口にした。

「いや、好きというより『示唆』みたいなのがあって、麻原は、次の毛沢東は自分だと言われたように感じたんだって」

次の「毛沢東」から「ヒマラヤの最終解脱者」に至るまで、麻原の中でどのようにつながっていったのか、支離滅裂で私には理解できなかった。歴史に名を残す「すごい人」にこだわっていた教祖の、社会的な野心と現実逃避の間に横たわる大きな矛盾。

「支離滅裂」「矛盾」「現実逃避」「野心」。これが彼らの話を聞いて私が感じてきた麻原の特徴である。

また「示唆」ありきの言動のためか、現実的な計画性や経済観念、そして社会への責任感が麻原には欠落していることも特徴的だと思った。

中村君は話を続けた。

「教祖は幻視者だったみたいだけど、そういう霊媒体質みたいなところは、最初の頃は少しはあったと、僕も思ってたんだけどね。

いま考えると、麻原の特徴は誇大妄想。それと被害妄想がとにかくすごかったよ。最初から『自分たちは攻撃されている』という思い込みがあったね」

「じゃあサリンは何のために作ったの?」

「だから被害妄想で、自分たちは攻撃されていると思っていたから、攻撃に備えてということだと思う」

「日本を破壊したかったわけじゃなくて、頭の中で勝手に戦争ごっこしてたみたいだね」

「うん。麻原はAC(アダルトチルドレン)だったと思うよ」

「戦争といえば、ハルマゲドンとかの話もしてたみたいだもんね……」

冷静に教祖を分析している中村君を見て、すっかり脱教祖できていることを感じ、私は安心した。

罪悪感に苛まれ

「Yって知ってる?」

「その人だったら、似顔絵を漫画で見た記憶があるよ」

私がそう答えると、中村君は続けた。

「そう。そのYが出所したようなんだけど、この前の死刑執行後に、随分前に教団を脱会した人にYから連絡があったという話を知ったんだ。「自分は生きてていいのかな」と思い悩んでいるみたいに言ってたらしいんだよ。僕も前に同じ気持ちを言ったでしょ。生きてていいのかなって」

「あ、うん……」

「僕は亡くなった人のこととかを考えて、自分は生きていていいのかなぁとYが悩む気持ちがわかるよ。被害に遭った人だけでなく、元教団の人で。がんになって早く亡くなる人も多いし、事件後、僕の知ってる人も自殺で何人も亡くなってるんだ……。せっかくオウムを脱会して、せっかく普通に生活できるのに、温熱修行とかを自分でして亡くなった人もいるらしいからね」

「え、自殺って、事件の後に？　なんで？」

「う～ん、教祖があんな人だったというショックとか、あんなひどい事件を起こした教団にいた自分はどうしたらよいのかってわからなくなったり、罪悪感とか、いろいろ」

「そっかぁ……」

私は目を伏せながら返事をした。私が出会ってきた以外の元信者にも、今なお重い十字架を背負う人がいたのだ。

「僕の下血が始まったのは、事件で亡くなった方の親の証言というのを聞いてから、ものすごく罪悪感が起きてきて、自分が生きてることが申し訳なくて……。だから、罪悪感と病気は連動していると前に友（筆者）から指摘されたけど、それはそうだと思うよ」

「うん……」

私はYの名前も忘れかけていたが、その胸中を知って気持ちが沈んだ。

そして、何人もの元信者が自殺しているという重い現実に、返す言葉が見つからなかった。

彼らが自殺する前に抱いていたものは、絶望と罪悪感だったのだろうか。オウムを脱会して生き残った元信者から、先日の死刑執行のニュースを聞いて新たな自殺者が出ないことを切に願った。

「中村君は手紙に『瞑想で自分を浄化しようとすることも、被害者の人に申し訳なくて罪悪感を持ってしまう』と書いていたよね」

「そうだね。神道の祓いとか修験道の懺悔とかいろいろ考えたけど、やっぱり事件のベースには『幻想』がある。そうすると、密教的な瞑想よりも僕たちはヴィパッサナー［＊4］的な、幻

編注［＊4］ヴィパッサナー瞑想　自身の内側（身体感覚、感情、思考など）を「観察する」ことによる瞑想。対立概念は、自分の内外の対象（呼吸、ロウソクの火など）に「集中」することによるサマタ瞑想。

想に陥らない現実的な方向で考えたほうがいいと思ってるんだよ」

目が覚めた後の中村君は、「魂の救済」だったはずの行為が、実際には「殺人」という悪行に関与してしまっていた現実に気づき、恐れおののいた。

そして現実と向かい合い、被害者の方を供養し、自らの罪深さや過ちと対峙していると同時に、浄化の方法も模索していたようだ。

当時の私はオウムの名前すら知らなかったが、オウムが最初に週刊誌で批判されたのは、1989年に掲載された「血のイニシエーション」に関する記事だったらしい。

「血のイニシエーションっていうのがあったでしょ、あれは本当にあったの?」

「うん、あった」

中村君ははっきりと答えた。

「やっぱりあったんだ。でも私は血とか苦手だな。スッポンの生き血を飲むとかも苦手だし。だって血とか、危なくない? もし何か病気を持っていたら肝炎とかも感染しちゃうでしょ。具体的にどういうこと? いきなり血をグラスとかにポタポタ入れるの?」

私は非難めいた口調で言った。

「うん。ポトポトっていうか、1滴ぐらいだったけど。でもスクーリングはしてたんだよ、遠藤が」

中村君は非難されて当たり前という表情で、当時の様子を冷静に語った。

もし何かに感染していた場合、教祖にちゃんと伝えることができたのかという疑問もある。しかしこれも今となっては30年前の話だ。

「ねえ、中村君の今の心の支えとかって、どんなこと？　宗教とかそういうのじゃなくて、もっと素朴な心の支えというか」

中村君は少し考えてから答えた。

「う～ん。やっぱり、こうやって友（筆者）が面会に来てくれて、いろいろ話ができたりすることかな。手紙をもらったり、チベットの話を教えてくれたり、本当にありがたいと思ってます。それとあとは、母の様子を手紙で聞いたりすることかな」

「いや、そんな私は、大それた人間じゃないから、そう言ってもらうと、むしろ恐縮しちゃうけど……」

私はずっと、罪を犯した彼らが苦しむ傍らに共に在ることしかできなかった。

この日の面会時間もそろそろ終わりが近づいてきていた。

「あ、何か差し入れは？」

「週刊誌。入れてもらえるとありがたい……」

中村君は控えめに週刊誌名を言った。

「ＯＫ！　わかった。じゃあ、お疲れ！　とりあえず明日また来るね。またね！」

「うん、本当にありがとう。また！」

いつものように刑務官に連れられていく中村君の痩せた背中を見送った。

私は監獄に戻る中村君の後ろ姿を見送るとき、なぜかいつも息を止めている。中村君が振り向いたときに私の哀しそうな表情を見てほしくないからだ。

しかし、中村君が振り向いたことは一度もない。ひょっとしたら、彼も心の中で泣いているのかも知れない。


私は、「バブル崩壊の頃に湾岸戦争の様子をテレビで見ている自分」を思い出していた。当時の私は、戦争の様子や死者の数をテレビの報道で知っても、自分では何もできないのであまり関心が湧かなかった。

代わりに私の心を占めていたのは恋愛だった。

私にとってはテレビで見る戦争より、彼氏とのけんかが現実的な問題だった。泣きながら裸足で彼氏を追いかけた日が懐かしい。自分の手に負える範囲の問題だからこそ、切実だった。私は恋愛という幻想にハマっていた。

そして同じ頃、中村君は麻原のハルマゲドン幻想にハマっていたのだ。

人には巡り合わせのタイミングがあり、それを縁というのだろう。刑務所を囲む高い壁を見ながら、私はふとそんなことを思った。

薬物の恐怖

2018年11月14日

朝5時30分起床。鏡を見ると、まぶたが少し腫れている。連日ほとんど徹夜だからだろうか。

この日は予定どおり1番の番号札を持って面会室に入った。

「おはよう!」

中村君はいつもと違う若い看守と共に面会室に入ってきた。

「おはようございます」

私は中村君の顔を見るなり、この日も身体の具合を聞いた。

「どう?」

「うん、注射を打ってもらってからましだよ」

中村君は私の目を見て答えた。少しましになったとのことだが、しかし長年続く熱や下血がなくなったわけではない。

刑務所にいる中村君が、今なお自責の念にかられ続けている様子を聞いても、その内面の世界には私が入る余地はない。そもそも、そこは他者が入るべき世界ではない。私は、彼の病状には、不即不離のスタンスで見守っていこうと思う。

ともあれ面会時間は30分と短い。

「教団の中で使っていた薬物のことなんだけど、あれってマインドコントロールに影響したと思う?」

「あったと思う」

中村君ははっきりした口調でそう答えた。そして、私の意図を汲んで言葉を続けた。

「あのね、ルドラチャクリンなんだけど……」

「え、ちょっと待って。ルドラチャクリンって何だっけ?」

私は遮断板の穴に耳を近づけた。

「ルドラチャクリンというイニシエーションだけど、もともとは人の名前」

「誰? どこの?」

私にとって初めて聞く名前だ。

「シャンバラの王様で、ルドラチャクリン王という人がいたんだよ」

「あ、シャンバラね。そんな王様がいたんだ」

シャンバラという仏教の理想郷の伝説については知っていたが、その王様の名前は聞いたことがなかった。

「ホントにそんな人いたの？」

「本当、本当」

中村君は私の目を見て答えた。

「本当といっても、その王様の名前を使っただけで、内容はＬＳＤと覚醒剤を使用したイニシエーションなんだけどね」

「ＬＳＤと覚醒剤のミックス？」

一歩間違えると死亡しそうなイニシエーションだ。名前を使われたほうも迷惑な話だろう。

私は遮断板から耳を離して、また中村君と目を合わせた。

「……それで？」

不愉快な話ではあったが、私は中村君に続きを促した。

「それで影響だけど、まず教祖が試して、その次に僕が実験台だった」

実験台という言葉に私はさらに不愉快になった。中村君は人体実験の道具にされていたわけだ。

「それでその後、他の信者たちは１回だったけど、僕だけ２カ月の間に３回それを受けることになって。その後すぐ事件（公証人役場事務長逮捕監禁致死事件）になるんだけど」

「２カ月に３回も！　その後すぐ事件に？」

なんだか大変なことを聞いてしまった。

非合法なだけではない。短期間に何度も何度も、弟子であった中村君に危険な薬を使用させていたことにびっくりした。

私は話の続きを聞くのがだんだん怖くなってきていた。

「それで、その『拉致』という話のとき、最初、僕は反対したんだよ。路上で拉致とか、そんなの無理だって……。昼間にそんなことしたら誰かに見つかるからやめようって。それで、自宅に行こうと言ったんだよ。自宅を探す時間稼ぎもできるし、自宅だったら、きっと（被害者の）仮谷さんにＳＰ（警護）とか付いているかもしれないから二人で出てくるだろう。そしたら拉致なんかできないだろうから、この話をうやむやにできるかも……。そういう思いもあってね」

中村君の話は嘘ではないと思った。実際、元信者のＮさんに対する同じような計画が教祖の指示によって持ち上がったときは、中村君が時間稼ぎをして引き延ばし、結果うやむやにすることに成功しているのだ。

「最初、仮谷さんの妹Ａさんは僕の後輩が担当だったんだけど、僕も呼ばれることになって。それで『他の共犯者二名は他のワークもあるから、自宅を探して行く話は、時間がかかるし……』と言われてしまったんだよ。それでも僕は、もう一度『いやそんな路上とか、人も通るから無理だって……』と言ったけど、それでも『時間がないから』と言われてしまってね。

結局は多数決で、2対1になって却下されてしまった。

それで僕もその場に行くことになったんだけど。それでも、誰かと二人で歩いてきてくれたらいいな……とか、誰か通らないかな……、嫌だな……なんとか止められないかなとためらっていたんだ。そしたら突然、教祖の声で『行けっ！』っていう声が聞こえてきた瞬間、身体が動いてたんだよ」

「多数決って……」

地下鉄サリン事件の実行において、どの路線を誰が担当するかを「あみだくじ」で決めたという話を聞いたときには驚き呆れたが、この話の多数決にも呆れた。

共犯者二名の「他にやることがあるから早く終わらせて自分の業務に戻りたい」という意見が勝ってしまったわけだ。話を聞く限りでは、中村君が付いていったのは仮谷さんの妹さんの居場所を聞くためであって、殺害などの目的はなかったようだ。

「しかし、ひどい話だね。時間がないからとか……。それで『行けっ！』って声は幻聴？　それ明らかに薬物の影響じゃないの？　裁判で幻聴の話はしたの？」

何もかもひどすぎる……。話を聞くうちに怒りが湧いてきた。

「いや、言ってない」

「なんで!?」

「いや、そういう話をすると、薬物のせいとか心神耗弱とかで罪を軽くしようとするみたいで……卑怯だと思ったから。だから、その話はしてない」

「え……」

事件前の幻聴がなければ、中村君はどうしていたんだろう。

亡くなった方や被害者の遺族の方の気持ちを考えて、幻聴について話さなかった中村君。

私はとんでもない話を聞いてしまった気がした。

中村君が公判で言わなかったのは、「声が聞こえたこと」だけではなかった。

中村君は拉致した被害者の「その後」について、一切関知していなかった。

「多数決で負けた」というが、事件の顛末を考えると、多数であった人間に対する怒りがあってもおかしくない。

しかし、中村君から「彼らのせいで」という怒りの言葉を聞いたことはなかった。

このときの共犯者である中川智正については「もともとの性格は大らかで優しい人」と褒めていたくらいだ。

教祖への疑問

中村君は話を続けた。

「教祖はね、『自分は強い』と誇示するのにチオペンタールとか自白剤とか、エスカレートしていってね。

あ、前に『僕が教祖に疑問を持ったことはある？』という話があったけど、この薬物を使用することに関しては、僕もかなり疑問があったことの一つ。最初、教祖は薬物を嫌がっていて『自分は業だけで修行して成就させる』と言ってたんだよ。僕も薬物とか、すっごい嫌だったし、それ聞いて安心してたから。最初は、成就の条件も、クンダリーニヨーガ〔＊5〕は、ダルドリーシッティー〔＊6〕が起きてなど、いろいろあったけど」

「え、じゃあ、その後はどうなっていくの？」

初めは嫌がっていた薬物の使用に、教祖はどんな理由をつけていったのだろう？

「教祖から『成就した』と言われたとき、疑問を持った信者もいてね。本当に成就したのかなと、自分で今ひとつ実感がなかったみたいなんだ。だけど教祖からは『グルが認めたんだから、あとは演技でも継続することによって追体験で実感が湧く』というような話になって……」

中村君は、このとき疑問を持った信者としてある死刑囚の名前を挙げた。

編注〔＊5〕クンダリーニ　ヒンドゥーにおいては「体内の生命エネルギー」を指す。
編注〔＊6〕ダルドリーシッティー　クンダリーニによって身体が跳ね上がる体験。

「あ、前に出た『例えば泥棒でも聖者の演技をしていたら……』と教祖が言った話と同じ論法？」

「うん、そう」

「なるほどね。早川さんに国連のテロ対策関係者から再発防止案を書くようにと要請があったようなんだけど、早川さんは地下鉄サリン事件には関与してないけどね。だったら中村君もテロ対策とか、そういう文章を書けるんじゃないの？」

出家番号も早い中村君なら有用なことが書けるんじゃないか。そう思って私は聞いてみた。

「う〜ん……。事件にはいろいろな条件が重なり合ってるから、説明するとすごく長くなる。30分の面会時間では、まず説明できないよ。教祖のこと、それと知識。ロシアで射撃訓練とかAK自動小銃とか、とにかくいろんな話が絡み合ってくるし……」

部外者である私が一つ一つ詳細を聞くのにはかなり時間がかかりそうだ。全体像を把握したうえで理解するのには、30分どころか3時間でも足らないだろう。また、刑務所からの発信回数や手紙の枚数も制限されている。

——いつか、どこかの誰かの役に立つかもしれない。連続シリーズで少しずつ書いてもらった手紙をためていこう。

「でも最初の頃、教祖は僕に『軍事のトップをやれ』って言ってたんだよ」

「軍事」という言葉が全くと言っていいほど不似合いな中村君に、なぜ麻原はそんなことを言ったのだろう。

この話は長くなりそうだ。この話の続きを聞くのは明日に回そう。

ゆず湯に入る日

「あ、今日ね、季節の和菓子の切手があるから持ってきたんだけど。ほら見て」

差し入れの切手を持ってきたことを思い出して、私は話の向きを変えた。

拘置所や刑務所とのやり取りに切手は欠かせない。だから私は、季節ごとに発売される切手を見ると「この切手は、クリスマス用にいいな」と、刑務所に送る手紙のことを思ってしまう。多くの規制がある矯正施設だから、使う切手のデザインではささやかな自由を楽しみたい。

「ほら、見て。かわいいでしょ?」

鞄から切手を取り出し、アクリル板越しに中村君に見せた。

「こういうの見ると季節感感じるね。季節感っていうと、この季節になると実家にあった柿の木を思い出すよ」

中村君は紅葉の形をした菓子の切手を指して言った。

「ここに来る途中で柿は山ほど見るよ。柿の木だらけ。しかも鈴なりの柿の木!」

私は刑務所までのバスから見える景色を話した。

「家の庭には3本の柿の木があってね、高校の頃に寮から家に戻ったとき、その柿を食べるのがすっごい楽しみだったんだよ。木の高い所にあるのを長い棒で取って食べるのが楽しみでね。あと、この季節は栗ね。高校のグラウンドに栗の木があって、栗が好きだったから、落ちてる栗をイガの中から取り出してね。生なんだけど、かじって食べたこととか思い出すな」

まだ教祖との出会いもない高校生の頃の話だ。

その頃の思い出を懐かしそうに語る中村君。

彼の屈託のない笑顔を見ながら、私も安心して一緒に懐かしい幸せな風景を想像した。

「生で（笑）。柿の木が3本もあったんだ。うちの田舎にも柿の木があったよ。うちに果物の木があるといいよね。そういえば栗が入ったものが好きって言ってたよね。栗どらとかね」

中村君がまだ拘置所にいた頃に聞いた話を思い出して、私は言った。

中村君と話す場面はほとんど変わらないので実感がないが、初めて話してからもう15年もたつのだ。

「ねえ、刑務所って果物は出ないの？」

「出ないよ。前は出たけど」

「え、なぜ？」

私は刑務所では果物が一切出ないという話に驚いた。

「果物とか、けんかになりやすいから。分けるの難しいでしょ。果物だから少し熟しすぎてる部分とかもあるし」

「確かにね。でもけんかなんてあるの？」

果物でけんかになるという話に私はまたも驚いていた。

「あるよ。例えば調味料を取ろうと顔の前に手を出されたとかで、ずっと黙っていた人がいきなり殴ったり。すっと立ち上がって、いきなりだよ」

目を丸くして話す中村君から彼の驚きが伝わってきた。

「え、怒られないの、そんなことして？　けんかとかダメでしょ？」

「もちろん。怒られるというか、懲罰があるし。懲罰房に連れていかれるけど、全く気にしないように見える人もいるから……。無期の人には仮釈とか気にしている人が多いけど」

「なるほどね……」

相づちを打ちながら、あらためて私は目の前に座っている温厚そうな中村君の顔をまじまじと見た。久しぶりに、昔体験した季節の話題や情景を懐かしそうに話す中村君にホッとした。こういった話をするときの彼の表情はとても自然で穏やかだ。

東京拘置所にいた頃の中村君は、私の手紙への返事に絡めて、子供時代の思い出話などほのぼのとしたエピソードをよく書いてくれていた。

「僕の頃はね……」

という書き出しで、季節の話題や風物詩を書くことが中村君の文章の特徴だった。

教団時代はもちろん、それ以前の中村君を全く知らない私は、手紙から彼の人柄や以前の生活の様子が伝わってきて、和まされていた。

「僕はもう、ゆず湯には23年も入ってないけど」

それまでゆず湯を知らなかった私は、第四章でも紹介した中村君からの手紙で知って以来、毎年ゆず湯に入るようになったのだった。

「残り時間3分です」

看守の合図が入った。

「あ、そうそう。差し入れの本だけど、なんで『これからの季節はあまり本を読まない』って言うの？」

自分が読んで面白い本を中村君にも差し入れて、読んだ感想を聞きたかったのだが、中村君からはそんな話が出るのだ。

「指が冷たくかじかんで、ページをめくるのも大変になるんだ」

「あ……そっか……。わかった。じゃあ今日は中村君にも読んでみてほしいと思ってた本を持ってきたから、差し入れに入れとく。じゃ、また明日ね」

「うん、どうもありがとう。また」

その日は爽やかな秋晴れだったが、風がかなり冷たい。

これから先の季節、刑務所の辺りも骨身にこたえるほど冷え込んでくる。中村君が冬至にゆず湯に入れるのは、いつの日になるのだろうか。

——夜行バスに乗って面会を続けていくには、私も足腰を鍛えておく必要があるな。

彼らと出会った頃は30代だった私も、冷たい風を感じて、ふとそんなことを考えるようになった。

薬物とマインドコントロール

2018年11月15日

昨日よりもさらに早い朝5時起床。外はまだ真っ暗だった。

昨日の面会で聞いた話について頭の中でまだ整理ができていなかった私は、バスの時間には少し早いがベッドから起き上がった。

中村君は、現在51歳である。

27歳で逮捕されてから、もう24年の歳月が経過した。

教団にいたのは19歳から27歳まで、1986年から1995年の約9年間の期間である。

刑務所のルールで、裁判の資料も含めてオウムの事件などの記事が載っている週刊誌もオウム関連の本も一切所持できないそうだ。

「おはよう！」

「おはようございます」

面会室に入ってきた中村君と私はほぼ同時に挨拶を交わした。

「今朝は5時に起きてね。駅前にカフェがたくさんあってさ。コーヒー買ってバスに乗ったの。そしたらバスの中がコーヒーの香りになって幸せな気分になったよ（笑）」

面会3日目の最終日なので、私はそんな日常のことから話を始めた。

「ここもね、金曜日にはパンが出るんだけど、そのときはコーヒーなんだ。インスタントコーヒーなんで香りはあまりしないんだけど、コーヒーの香りってアロマというぐらいだから本当、良い香りで癒やされるよね……」

中村君も私に合わせて自分の日常の話をする。

「パンも出るんだ。すごい！　よかったね」

拘置所とは異なり、刑務所に入ると飲食物を差し入れることは一切できない。「差し入れをする」といっても、その内容は切手か本。または購買部で買える石鹸やちり紙など刑務所規定の日用品に限られているのだ。

中村君の病状から考えて、毎週金曜日のパンを食べられているとは思えなかった。

週に一度のパンを食べることができた日は小康状態ということになる。

「昨日の薬物とマインドコントロールの影響なんだけどね。あれからまた考えたんだけど」

中村君からは、限られた面会時間の中で自分が知っていることを少しでも話そうという気持ちが伝わってきた。

私は内心「朝一から薬物イニシエーションの話はキツい」とも思ったが、せっかく中村君が思い出した貴重な話だ。大きく深呼吸をして気持ちを切り替えた。

「『キリストイニシエーション』のときだけど……」

「あ、ちょっと待って。それ何の薬だった？」

話が先に進む前に私は確かめた。

「ＬＳＤ」

「なるほど、ＬＳＤね」

「うん、それでＬＳＤなんだけど、みんなに使う前に、最初は僕たちが実験台になってね。まず教祖がＬＳＤを試してみて、その次に僕が教祖の2倍の量で、その次の人が5倍。そしてそのとき悟（端本悟）は10倍の量だったんだよ」

「10倍！　むちゃくちゃな……。死んじゃうでしょ！」

心の準備をしたとはいえ、いきなり人体実験のような話になり私は驚愕した。

「それでそのとき、悟が教祖の足にしがみついて『尊師、どうして正義なのに、こんなに苦しいんですか！　正義なのにどうしてこんなに苦しいんですか！』って何度も泣きながら、本当に苦しそうに言ってたんだよ」

「ひどい！　ひどすぎる！」

「いま考えたら、あのとき悟は事件（端本悟が実行犯になった坂本弁護士一家殺害事件）のことがフラッシュバックしてきて、相当つらかったんだろうなって。ほんと何回も言ってるんだよ。正義なのに……どうしてこんなに苦しいんですか！　って……」

話しながら中村君は何度も目頭を押さえた。

中村君の脳裏には端本悟が苦しむ姿や声が蘇ってきているのだろう。

私も端本君のことを思い出して、気持ちが一気に沈んだ。


「それって、事件の後？」

いたたまれない気持ちでそう聞くと、

「あと、あと。だってＬＳＤは94年だもん。（坂本弁護士一家殺害事件は１９８９年）」

「それでね、その後一緒に逃げてたとき、悟がすっごい夢でうなされていることがよくあってね。フラッシュバックが起きたんじゃないかと思うんだよ」

中村君の表情、そして全身から、端本悟を助けられなかった無念さが伝わってきた。

「もし、僕が事件のメンバーに入ってれば……」

と沈痛な面持ちで話していたときの気持ちが、今回の話で私にもよくわかった。

強制捜査が遅かったことは中村君の責任ではない。

また、端本悟の死刑執行も中村君の責任ではない。

――このままこの話を続けて、中村君は大丈夫かな？

私は、端本君のつらい様子をそれ以上聞くことができなかった。中村君自身もまた、他の信者の何倍もの薬物実験を受けさせられてきたのだ。

しかし、メソメソしていると時間はあっという間にたってしまう。私は焦点を移して質問を続けることにした。

「それって、どこで？」

「教祖の自宅で」

「自宅って……」

自宅で弟子の命を落としたら、教祖はどうするつもりだったのだろうか。

結局、弟子たちの命は軽視されていたということだろうか。

「教祖がひっそりＬＳＤをやっていたってことはないの？」

「いや、ない。……でも、そう言われてみれば薬物で攻撃性が増したようにも感じるかなぁ……」

時系列に沿って過去の教祖を思い出すことは少し難しいようだ。

友情は伝わっている

「それで昨日ね、軍事のトップになれって言われた話があったでしょ。中村君はそんなタイプじゃないのに、なんで？」

私は昨日の面会で聞いた話の続きを促した。

「教祖はね、最初の頃、自分のガード（警護）にはイケイケで積極的なタイプは入れなかったんだよ」

「例えば誰？」

中村君は数人の名前を挙げた。

「それでCHS（課報省）という省庁も、トップになりたい人がいたから後から作った省庁だからね。省庁制は僕が考えたんだけど、最初CHSなんてなかったもん。僕は武道とか教団の中で強かったんだけど、『性格が女子みたいだから細かくいろいろ人をフォローできるだろう』と麻原に言われた。『軍事の計画には緻密な者が向いてる』って。『大ざっぱな者はダメだ』って」

その話には納得だった。彼からの手紙には、本当にきめ細かく、かゆいところに手が届く印象を受けていたからだ。

中村君はなよなよしているわけではないが、攻撃性がなく、自分から前に出る力が弱いように感じていた。

初期の麻原は中村君に秘書や経理を担当させていた。腹心か参謀役に向いていると思ったのだろうか。

「それで宗教の怖いところは、例えば宗教の教祖がいて、そこにSPという取り巻きがついて、それでドンドン大きくなっていって権力につながっていくところ。もともと『軍』はSPからだから。戦争は取り巻きと取り巻きの権力争いみたいになっていく側面があるように思うよ」

「あれからね（死刑囚の移送以降）、考えてることがあるんだよ。泰（林泰男）に一言お礼を言いたかったなって。こうして今も友（筆者）に面会に来てもらえているのも、泰が友のことを最初に話してくれたからだし。教団を解散したクリシュナムルティ［＊7］とか、自分を見つめる

編注［＊7］ジッドゥ・クリシュナムルティ　インド出身の宗教家。1929年、34歳で自身の教団である「東方の星教団」を解散したが、その後も90歳で死去するまで霊的指導者として活躍した。

のに役立ったんだけど。それも泰が教えてくれたから。ありがとうって言いそびれて、こっち（刑務所）に来ちゃったからね……。すごい残念で……」

中村君は、拘置所時代に文通していた林泰男を思い出していたようだ。

刑務所に移送される前に、彼がしてくれた一つ一つにお礼をできなかったことを、中村君は悔やんでいた。

「うん、でも大丈夫だよ。きっと向こうも中村君の気持ちはわかっていると思うよ。『お礼を言われてない』なんて思ってないよ。むしろ良かったって思ってるって！　きっと」

「うん。それはそうなんだけど。こうして今も友（筆者）に来てもらって、いろんな話とかも教えてもらったり、本当にありがたいなぁって。もともとは泰が友の話を教えてくれたからだなぁって思うと……ありがとうって一言言っておけばよかった」

私は、死刑囚たちの死刑が執行されてからの中村君の心情を心配していた。

教祖のことはきっぱりと割り切っていた様子だが、逮捕後も親しく文通していた人たちのことは、やはり気にかかっているようだった。

「わかるよ、わかる。その気持ち。その話ね、ちょっと帰ってから、ゆっくり手紙を書くわ。でもとにかく大丈夫。大丈夫だって！」

私はいつか林さんからもらった手紙のことを思い出していた。

「残り時間あと3分」

看守から残り時間の合図が入る。

「差し入れのちり紙、何枚ぐらいにしておく？」

中村君の病状はましになったようだが、下血自体がなくなったわけではなかった。

「本当申し訳ない……」

中村君は済まなそうな表情で言った。

「いや、いいって（笑）」

中村君があまりにも申し訳ない顔をするので、私は少しおかしくなった。

「中村君の今の神様は、ちり神様。まさに教祖の尻ぬぐいって感じだね〜」

「ほんと、今は、ちり神さまです」

「じゃ、また来月来るね。お大事にね」

「本当にありがとうございます。本当に……」

何度もお礼を言いながら中村君は頭を下げる。私はなんだか気恥ずかしく感じながら面会室を出た。


面会室を出た私は、教祖や副校長、さらにはNさんと、余計な種をばらまいて尻ぬぐいもしない男たちを思い出していた。

彼らは赤ちゃんの頃に「お父さん」にお尻を拭いてもらわなかったのだろうか。

「こんにちは」

いつもの購買部の窓口の女性に私は声をかけた。

「東京も、もう寒い？」

彼女は笑顔でそう聞いてくれる。

「そうですね、日によりますけどね。ここのほうが寒いかもしれませんね」

ちょっとしたお天気の話程度だが、笑顔の女性と話して少し心が和んだ。

刑務所に他にいるのは、警備員にしても看守にしても軍服のような制服を着た男性ばかりなのだ。

深刻な重い内容を聞いていた緊張感から解放され、私はなんともいえない疲労を覚えた。

昨日、今日と2日連続で聞いた、薬物の人体実験をさせられた話、幻聴、そしてフラッシュバック。

中村君が悲壮な表情で語った話に、聞いているこちらまで胸が痛くなった。

来月はもう12月である。

——冬至の季節だなぁ……。

刑務所を出ると、かなり肌寒い。昨日と同じく空気が澄んで美しい秋晴れの空にカラスが鳴いていた。

帰宅後、私は以前に林泰男からもらった手紙を読み直した。

友香さんが、中村君と（身元引受人として）文通面会できるようになったみたいで良かったです。彼も何かと心強いでしょう。これも縁ですので、出来れば、ずっと見守ってあげてくださいませ。

私は、ずっと昔に林さんからもらったこの手紙を見て、中村君の「ありがとう」の気持ちは林さんに伝わっているだろうと思った。

第八章
中村昇受刑者との対話

第三節　妄想と宗教の狭間で

権威と盲信

2018年12月4日

夜行バスで駅に到着。この日は12月とは思えないくらいの暖冬だった。

午前6時前。夜明け前の駅周辺はまだ深夜と変わらないほど暗い。先ほどまで雨が降っていたのだろう。信号のライトが反射して地面が青や赤のネオンのように光っていた。

私はビジネスホテルに荷物を置き、刑務所行きのバスが到着するまで時間をつぶした。

「おはよう！」

面会室に入ってきた中村受刑者に挨拶すると、

「お誕生日おめでとうございます」

誕生日が近い私を中村受刑者は笑顔で祝ってくれた。

「ありがとう！　ほんとにね。時間がたつのは早いね。いまさら何を言っても仕方ないのに、私はまだ『いつだったら事件を止めることができていたのかな』『何とかならなかったのかな』って、そればっかり考えてしまうんだよね……」

中村君の顔を見て、私は普段言えない思いを口にした。

「こんな被害が出る前に、どうにかできるタイミングはなかったのかな……」

「うん……そうだね」

当事者である中村君は今も後悔だらけだろう。

「一つ言っておかないと。僕と新実と麻原と、まだ宗教に関心なかった奥さんと赤ちゃんだった娘さんと、最初5人でインドのダラムサラに行ったときの話ね。あれ、この前の本に（『チベットの祈り、中国の揺らぎ』ティム・ジョンソン著、辻仁子訳）、『インドに行った後、ダライ・ラマ法王のところに10万ドル寄付した』って書いてあったけど、行く前にも10万ドル寄付してるんだよ。もちろん行った後も10万ドルと、その後何回も寄付してるんだよ。Iが経理になる前、最初の経理は僕が任されていたから、当時のお金の流れがわかってるんだ。

それで麻原から『あるお金すべてかき集めて！　下手に残そうと思うな。執着するなよ！』って言われたんだから」

「行く前も寄付してたんだ……」

「そのときね、前も言ったけど、僕から見てダライ・ラマ法王は少し『政治の人だな』という印象を受けたんだよ。でも、ダライ・ラマ法王の先生は40年間も修行してる人だよ。3年3ヵ月で成就するといわれてる修行を何度も繰り返している人だよ。その人が麻原を褒めてたからね」

「なるほど。その時点で麻原の本質を見抜くって、なかなか難しいことなのかもね。でも、やっぱり寄付の効果もあるんじゃないの？　それだけの大金を惜しみなく寄付するから、すごいね！　というリップサービスとか、励ます意味とか……。

チベットの先生は『近しい弟子には厳しいけど。遠くの弟子とか距離がある人のことは褒める』という話も聞いたことあるよ。まぁ、そういう社交辞令はチベットの人に限らないかもしれないけど。それで、麻原はリップサービスで褒められたのを鵜呑みにしたってことなんじゃないの？」

「そう、やっぱりダライ・ラマ法王も身近な弟子を養っていかないといけないからね。でも法王の先生が褒めてたから……」

中村君は残念そうな口調で答えた。

「ダライ・ラマ法王の先生」「長年の修行」という部分に、かつての中村君は価値と信頼を見いだしていたのだろう。

「う〜ん。確かなことはわからないけど、人って変わるよね。その時点では、麻原の志が偽物かどうかの判断は私にもわからない。気持ちの上では真面目に宗教やる気あったのかもしれない。だから世間で言われている『単なる詐欺師』っていうのは、どうかなって疑問に思うよ。もちろん、たくさん寄付してチベットの権威を取り込みたいという野心はあったんだろうけど。いずれにしても教団内の事故死隠蔽とか、非合法なことをして宗教法人を取得しようとしたこと自体は詐欺だよね……。

どこかで『究極の聖者というのは、起きる可能性に先回りして口出ししない』という話を読んだことがあるんだけど。ただ私には、ダライ・ラマ法王の先生の本心はわからないよ」

「うん。オウムって最初ヨーガから始まってるでしょう。それでバクティーヨーガっていうのは『献身』という意味なんだけど、なんで献身から始めたのか麻原に聞いたら『俺は傲慢になりやすいから献身を学ばないといけない』って言ってたんだよ。僕はそれを聞いたとき、へ〜って思ったし、10万ドルかき集めたのも、だからかなって思ったんだよ。ダライ・ラマ法王は政治の仕事があるし、あまり修行できていなかったかもしれないけど、その先生は本物だと思ったんだけどなぁ……」

当時19歳で全寮制の高校を卒業して間もない中村君の感想である。

「なるほどね。実際はどうなんだろう。先日のダライ・ラマ法王のトークイベントでは『ナーランダ僧院のナーガルージュナの教えで、釈尊でも間違うことがあるから鵜呑みにして盲信しちゃいけない』って言っていたけどね。『教えに矛盾があると感じたら拒否してもよい』って。たとえダライ・ラマ法王の先生といわれる人でも、麻原が将来あんな事件を起こすことを見抜くのは難しかったのかもしれないし、どんな聖者でも間違えることがあるってことなのかもね。だって人間なんだから。まぁ解釈によっては、未来に麻原が危険なことをやる可能性があるからこそ、あえて褒めることで精進するように励ましたのかもしれないでしょ。

その後、本物だと思ったカール・リンポチェが日本に来たときに『正しいグルを見極める方法』みたいな本をわざわざ渡してくれていたんだったら、中村君もその本を読めば考え直すチャンスはあったんじゃないの?」

無責任なグル

どの時点が脱会できるチャンスだったか。また、どの時点で、どう振る舞っていたら事件が起きなかったか。私と中村君は、それぞれの立場から意見を出し合った。

「う〜ん……。やはりチャンスといえば坂本事件の前。せめて事件の後に強制捜査が入っていたら、松本サリン事件も地下鉄サリン事件も起きてなかったけど。それと他宗教の会長への

『サリン噴霧失敗事件』の話だけど、あれも前から麻原に『あそこは悪い宗教だ！』とか余計な情報を持っていく人がいたから。

最初から麻原は『日本一になりたい』と言っていたけど、そのときは『相手の主張を論破できるよう、向こうの宗教の教えを学ぶように！』と僕たち弟子に言っていたんだよ。やっぱり坂本事件の前くらいから選挙に出ると言い始めて、どんどん変になっていった……。

それと最初のMさん事件もそうだけど、なぜ余計なことを麻原に言いに行くのか、残念だよ。他にも、自分で麻原に言いに行っておいて、後から『こんなことやらされる』って愚痴を言う人がいたけど、『麻原に言いに行ったら、そうなることは目に見えてるのに』と思うことがあったけど」

「う〜ん、なるほど……確かにね。中村君とか火消しタイプの弟子の立場から見たら、火に油を注ぐタイプの弟子に対して、そういう見方もできるよね。

麻原に言いに行くとき、その弟子は『自分が言いに行くこと』しか見えてなかったんじゃないの。そもそも自己顕示欲から言いに行くんだから『自分』しか見えてないじゃない。それに麻原は弟子に対して、余計な報告や情報をワシに持ってくるな。自分の修行に専念しておけ！　と言える立場でしょ。

私からすると、麻原はグルで指導者というのなら、弟子が何を言っても、ちゃんと指導しなきゃいけなかったと思う。自分に認められたくていろいろ言いに来る弟子がいても、麻原は最終的に指示を出せる立場なんだから。弟子が馬鹿な情報を自分の耳に入れても、ダメ出ししたり、熟考せよと指導する。それが指導者の責任じゃないの。

だから自分が気になる話について、弟子が何か情報を持ってきたからといって、それに反応して指示することになるのなら、遅かれ早かれ、ちょっとしたことがきっかけで何か事件が起きていると思うよ。麻原が示唆だからといってヴァジラヤーナとか言い出した時点で、宗教指導者としても社会人としても、もとからおかしいよ」

非合法な指示など最初から論外だと、私は自分の意見を言った。

「麻原はそもそも体育会系だったんだよ。それと僕たちは仙人願望を持っている人が多かった。少年時代の夢みたいに不死の仙人に憧れてね。最初はヨーガ教室で、宗教じゃなかったでしょ。最初から宗教なら行ってないよ。あと、麻原にしても弟子にしても、よく似た本を読んでいた人間が集まってハルマゲドンなど共同幻想を抱えていたからね……。戦争が起きたときに守らないと！　って。それと修行については、本だけ読むなら良いことを書いてある部分が多い。パッチワークだから、脱会するにしても教義の全てを否定するのが難しいんだよ。あちこちから良い部分だけ集めて書いてあるんだから」

「うん。だからその体育会系というか、弟子に器が大きいように見せたい、強いところを見せなきゃ！　って見栄を張りたい気持ちや、男の野心が根本にあるように思う。私は麻原の過去の映像や写真を見て野心家だと感じたよ。つじつま合わせのように『示唆』とか持ち出してるけど、都合が良すぎるというか……。だからこそ『グルのグル幻想』『弟子のグル幻想』という話になるのが、よくわかったよ。麻原の思い込みの強さは、弟子からすると頼りがいがありそうに映ったんだろうね」

それでも社会は変わらない

私は現在の社会状況についても話した。

「最近も、本だけ読んでいると良い内容でも、本人の話を聞いているうちに、あれ、おかしいなと思う話がどんどん増えてきているよ。だって、信じられないかもしれないけど、オウム事件を知らない人が増えてきているから。仙人だけじゃなくて、ヨーガに瞑想、引き寄せや願望実現への関心が高いからこそ、どんなリーダーや団体なのか気をつけておかないとね。きっとオウムに行った若者とそんなに変わらないきっかけだと思うよ。未来への不安が増加しているだろうから、スピリチュアルへの関心はむしろ高いようにも思う。中村君も最初から宗教なら行ってなかったんだもんね」

「うん。僕のところに来た検察の人も『オウム事件が起きた頃は子供だったから、よく知らないので詳しく教えてください』って話していたよ」

私たちの話題は、最近流行のスピリチュアル関係の感想へと移っていった。

「そう、あれだけのことがあったのに、いまでも素性のよくわからない怪しい人や団体が次々と出てきている。遊び半分だと大変なことになると、オウム事件で気づいてほしいんだけどね」

「僕も、チャネリングの本とか、書かれていることだけ読むと、良いことが書かれていると思うけど、もうそういうのは、ちょっとね（苦笑）。玉石混交だなと思うよ。セミナーとか、こんな高い値段するの？　というのもあるみたいだから。元オウムの女性の場合は、他宗教から来た人以外は、ヨーガ教室で健康になりたい、美しくなりたいという理由もあったからね。男の場合は仙道やりたいとか、Nさんとか何人かは、左道タントラ［＊8］に関心があって入ってきたんだと思うよ。当時そういうの教えているのはオウムだけだったんじゃないかな」

「残り時間あと3分」

看守から合図が入った。

「あぁ、麻原が『アビラケツノミコトの示唆が聞こえてきた』とか、神がかり的なことを最初から言い出したのを思い出すと、中村君は、確かにもうチャネリング系は警戒しちゃうよね（苦笑）。私も、チャネリング系は面白い話だなって思っても、深入りしないで本を読むだけ。気になるワークショップとかあるときは、料金も目安にしているけどね。最初は安価でも、段々と値段が上がっていく場合もあるだろうからね。自己啓発のはずが、借金を抱え込んでしまう例とか昔からあるもんね。事件のすぐ後なら、絶対こんなセミナーとかワークショップを開催できないだろうなって思うものが目につく。事件から時間がたっているから、何十万円もする怪しげなセミナーに参加する人も増えてきているのが、ほんとビックリ。あの事件は何だったのって思うぐらいボッタクリ的なのも出てきている。でも時間がないから、続きはまた明日に。今日はありがとう！」

「うん。じゃぁまた明日」

面会時間はあっという間に終わった。当事者である中村君と、違う立場である私がこれまで考えてきたことを互いに話す時間は、私にとってもとても学びになることが多い。

看守に連れられて面会室から出ていく中村君の後ろ姿を見届けて、私は外の世界に出た。

私はこの15年間、面会が終わって戻っていく彼らの後ろ姿を何度も見送り続けてきた。

しかし、いまだに慣れることができず、中村君の背中を見るたびに気分が沈む。

監獄に戻る後ろ姿というのは、何度見ても「人間の悲哀」を感じるものである。

中村君が未決の拘置所時代と、「無期懲役」の刑が確定してからの後ろ姿が変わった理由は、病気で痩せたというだけではないような気がしている。

編注［＊8］ 8世紀に成立したインド密教の一派。人間の煩悩愛欲は尊重されるべきであるという思想を背景とする。

刑務所は、手紙の発信回数から面会回数まで制限が厳しく、「無期懲役」となると生きる希望も見失いかねない。手紙の発信回数以前に、手紙を書く相手すらいない人も多いのかもしれない。

中村君のいる刑務所には「長期受刑者」も多く、面会者制限が厳しいこともあるのか面会に来る人自体が少ないようだ。ここにもかなりの人数が収容されているはずなのだが、東京拘置所と違って、狭い面会室のわりに他の面会者と遭遇する機会が非常に少ない。

私は中村君の後ろ姿を見ながら、「戻っても楽しくなさそうな世界」に戻る後ろ姿を見送るのがつらくて、足が遠のいていくのかもしれないと思った。

外に出ると、12月というのに暖かさを通り越して暑いくらいだった。

刑務所の門の外を見ると、駅に向かうバスがすでに止まっている。

午前9時すぎ。まだ朝は始まったばかりである。

絶対と相対

2018年12月5日

「おはよう！」

「おはようございます」

中村君の表情には精彩が感じられた。

「ほら、これ見て！　かわいいでしょ」

夜行バスでドライブインに寄ったときに買った、小さな黒猫のキーホルダーを中村君に見せた。今年の面会も今日が最後である。どうでもいい話かもしれないが、少しくらい和める話題をしようと持ってきたのだった。

「ほら、後ろに尻尾も付いてるんだよ」

「へ～！」

中村君も興味深そうに見ている。

中村君の表情を見て私は、刑務所の中にはかわいいモノなどを目にする機会が一切ないことに気づいた。

殺風景な監獄の中を想像すると、プレゼントしたいのはやまやまだが、食べ物はもちろん、このような小物を差し入れすることもできない。

拘置所、刑務所と、段階的に人間の「自由」が制限されていく。

「あの、あらためて一つ確認しておきたいんだけど、『マハームドラー』って何だっけ？『弟子を試す』っていう意味でいいのかな。どこか別の宗教から持ってきて、オウム流に内容とかを変更してる？　『ムドラー』って手印とかの意味でも使うけど、日本語ではどういう意味になるの？」

「試しっていうか、まぁ『試練』かな。そもそもマハームドラーっていうのはヨーガの言葉で『大いなる空性』という意味なんだけど、（オウムでは）その空性がグル麻原で、そしてマハームドラーはその空性を体現した麻原からの試練という意味」

「あはは（苦笑）。あ、ごめん。いや、体現の話と現実の差が大きすぎて。どこが空性だったのだろうと思うと、つい笑いが出ちゃった。空性というのは、救済者と凡夫を分け隔てするのかなと思った」

かつては大真面目で修行していた中村君を目の前にして笑うのは、少々失礼な気もしたが、私はギャップの大きさに思わず苦笑してしまった。

「あ、そう。空性がグルのはずだったんだよ」

中村君はムッとした顔もせずに、私の苦笑に納得している。

「ただ麻原にも、お世話になったという人がいるんだよ。麻原をきっかけに仏教に目覚めたとかね」

「全否定とかの話ね。私は、この世に絶対はないという意味では、麻原を『絶対悪』というのはおかしいと思うよ。だってこの相対の世界に生まれてたら、24時間、絶対悪しかないなんてあり得ないから。人間は変化する。

それに誰とでも、いつの時期に、どの距離感で、どのような関わりをしたかによって、その人が良い人に見えたり悪い人に見えたりするでしょ？

そう考えると、麻原にお世話になったという人がいたとしても、それは否定できないよね。だって、その人にとってはそうなんだもの」

「そう。『絶対』ってないよね。なのに麻原が絶対って使い出したときから、本当おかしいことを言い出してたんだよ。『絶対的帰依』とかね」

中村君の口調からは『絶対信仰』を悔やんでいる様子が伝わってきた。

「私は『絶対』を信じたい心は誰にでも少なからずあると思う。

私も警察の強制捜査がもっと早く入っていたらと残念に思うよ。だけどそのたびに、それは警察の『絶対性』を信じたい心が自分の中にあるからなんだと自覚するようにしているの。

人間、何かに対して『絶対』を信じたいという『絶対信仰』が少なからずあるんだと思う。

恋愛や結婚も、絶対に愛してる！　とか、絶対に浮気しませんとか、ただの約束に『絶対』という言葉を付けたほうが人って安心するでしょ（笑）。

自分たちだけは絶対に正しくて過ちを犯すことがないという自己過信から、盲信が始まってしまうんだろうね。そして人は盲信という幻想の世界に入っていくと、なかなか頭を打つまで気づけないことって多いよね。

その理由を考えたんだけど、それって人間の視点には盲点や死角が生まれるからだと思うんだよね。だから、自分の意見だけが絶対に正しいと固執せず、違う視点からの意見にも耳を傾けてみることは重要だね。

仏教の無常という言葉と、絶対という言葉は矛盾するよね。無常ということは、つまり、全ては変化するということなんだから、今は正しくても未来に間違いだと気づくこともあるということなんだから」

中村君から話を聞いて、オウムの場合は、女性エネルギーを軽んじたことで陰陽のバランスが崩れて、攻撃性を増した気がした。

「『絶対』になろうとしたり、言い切っちゃうと、後に引けなくなって真実を見誤っていくこともあるんだろうね」

端本悟の贈り物

「残り時間あと3分」

看守の合図が入った。

「じゃあ、ちり紙は2束？」

私は差し入れの下血用ちり紙の確認をする。

中村君の病状はましになっただけで、治ったわけではない。

「あ、うん。本当にどうもありがとうございました。あ、それで宅下げで悟の遺品本を受け取ってもらえる？　僕から誕生日祝いも込めて。『イキガミ』っていう漫画なんだけど」

「え、悟の遺品があの『イキガミ』！……わかった。じゃあ、また来年来るからね。良いお年を！　お大事に」

私は病院のお見舞いのような挨拶をし、そして最後にもう一度、中村君の背中に声をかけた。

「じゃあ！」

中村君からは、私に会いに来ることはできない。

「待つことしかできない立場」の彼にとって、「来年」という言葉の響きは、一般に考える「来年」とは違うかもしれない。絶対なんかない……そんな会話をした後だけに、「じゃあ！」という声をかけずにいられなかったのだ。


刑務所を出て遠くの山々を見ると、ところどころにまだ晩秋の彩りが残っていた。

コンクリートの高い塀に囲まれた刑務所の中にいる中村君には、仮釈まで見ることができない季節の景色である。


ホテルの部屋に戻った私は、端本君に『夜と霧』（ヴィクトール・E・フランクル著）を差し入れたときのことを思い出していた。

事件の後、ひとり贖罪を続ける端本君にとって、私には触れることのできない孤独を共有できる対話の相手になると思ったのだ。

幸い、彼はその本に深く共感する部分があったようだが、その思いを言葉ではうまく説明しづらいようだった。

そんな彼を気にしていた私が、中村君から宅下げで受け取った『イキガミ〜最後の授業〜』(間瀬元朗著)。

表紙には、「ある日突然『国家繁栄維持法』に基づいて国から届けられる死亡予告証。通称〝逝紙〟国の為に死を宣告された人間は、最後の24時間をどう過ごすのか? 君は、最後の1日をどう生きる???」と書いてあった。

「命の尊さ」を伝えるために、あえて国家が国民を殺すという設定の漫画らしい。

出版された日付は2013年11月。

それを見てなぜか私は「端本悟はこの本を読んだときは生きていたのだ」と当たり前のことを思った。

漫画と違い、現実の死刑制度は刑罰である。また死刑囚本人に知らされるのは、執行のたった30分前だそうだ。

中村君によると、宗教全般から距離を置いていた生前の端本君は、『権力への意志』などのニーチェの著作を何度も読んでは、自らの犯した罪と向き合い苦悩していたという。

端本悟は最期の時が近づく中で、どのような気持ちで『イキガミ』を読んだのだろうか。

中村君との面会を終えてホテルの一室で読む『イキガミ〜最後の授業〜』は、1コマ1コマが迫ってくるようだった。表紙の絵では、午前8時を告げる「逝き紙カード」を主人公が差し出している。物語のラストも含めシュールすぎて、現実と漫画の世界が交錯しそうになった。

この漫画の作者も、私のような気持ちで『イキガミ』を読む読者がいることは想定外だっただろう。

表紙には「今こそ読み直したい！〝絶望〟の果てにある〝希望〟のドラマ!!」と書かれていた。その〝希望のドラマ〟という言葉を見て、希望とは「幻想の世界」に溺れることではなく、現実に生きる「個の内面」で見いだすことだと、あらためて自分に言い聞かせた。

そしてこの漫画は、平成最後の誕生日プレゼントとして端本君と中村君の二人から「希望の贈り物」として私に託されたものだと思うことにした。

第九章
破滅幻想としてのオウム真理教

「再発防止について」中村受刑者より

「自分の話すことが、再発防止に少しでも役に立てるなら……」

2018年6月の末に受け取った、そんな中村君の思いが書かれた手紙には、同時に実名で語ることに躊躇する気持ちも書かれていた。

事件への罪悪感、同年3月に死刑囚が移送されてから見る悪夢など、中村君にはいろいろな不安が押し寄せていた。彼の場合はもともとの対人恐怖症も関係するだろう。

彼らと出会ってからの15年間、私もいろいろなことを考えさせられてきた。

私は中村君に、それまで考えてきたことについて昼夜かまわず約100枚余りも手紙に書き……そのなかには「匿名の無意味さ」に関する考えも書いて送った。

2018年7月末。第八章でも紹介した、死刑執行後初めての面会のとき、私は中村君に問いかけた。

「どうする？」

中村君は晴れやかな笑顔を見せた。それは、彼と出会ってからの15年で初めて見る表情だった。

「実名の件について、わかりました。あとは友（筆者）にお任せします」

その瞬間、中村君が呪縛からまた一歩解放されたような気がした。

そして私も過去から解放されたような気がした。

タテ社会と幻想

中村昇受刑者より

友（筆者）へ

2018年10月8日

「再発防止について」効率的な面会時間になるよう少しでも色んなエピソードや心情を思い出して、まとめて書いておきたいと思います。断片的になってしまいますが、お許し下さい。

カルト宗教の再発防止について思うのは、やはり面会でもお話したようにヴィパッサナー（「観察する」という意味）的な智慧の眼を育てるように促す事が大切だと思います。

ハルマゲドンの幻想は、なくなりましたが、（一連の事件前に）脱会しても元信者Nさんのようにグル化する人は、グル（教祖）に対する幻想や、チベット密教的な神秘体験について幻想を強めるようなアプローチをすると思いますので。そしてシャクティーパットやイニシエーションのようなグルによる弟子へのエネルギー移動などの「力」をアピールして、グルに対する依存心を強めていくようにする師は、危険ですね。

そしてオウムでは「偉大なる完全なる絶対なるシヴァ大神」という言葉があり、最初麻原は、シヴァ神の僕《しもべ》と言ってバクティーヨーガの実践をさせていたのが、次第に自分の事をシヴァ大神の化身と位置づけ、「偉大なる完全なる絶対なるシヴァ大神とグル」という具合に自分を神格化していきました。

それと、様々な世界の宗教に共通する「危険な過激派」の問題は、一神教で神を全知全能と捉えて父性の恐ろしさのみを強調することからくる面が大きいと思っていますが、オウムはそれと同様の父性のみを強調し、母性を排除したそれは、日本社会の縦社会から生まれる問題（パワハラや部下へ罪を押しつけ尻尾を切るとか、非合法で理不尽な形で利益を追求する）や共産主義が結局階級闘争やテロリズムに終始したことにも似ているように思います。

教団を辞めた女性がよく言っていた事で、オウムは、エリート主義的な縦社会の要素が強くなってから、女性的な横の関係をもちにくい問題がありました。

弟子と麻原の関係も、最初は普通のヨーガの先生と生徒という、ゆるやかな師弟関係でサークル的な安心感や和も感じられましたし、五仏の理解も曼荼羅のサークル的でした。それが、五仏まで縦化していきましたから。

そして、エリートほど、こういう縦社会に馴染みやすい面もあり、上昇志向が強いと、よりハマっていきやすいように思います。

また権威に弱い面もあるように感じていました。学歴がないタイプの信者で闘争心が強い負けず嫌いなタイプは、学歴によるコンプレックスから、なにがなんでもグル（麻原）に認められようとして非合法活動に安易に入っていってしまう感じがありました。

上記のように権威付けをする為に、チベットのダライラマ法王を始めとする高僧を上手く利用して、麻原への幻想を強め、帰依の前に「絶対的」をつけるようになり、「絶対的帰依」となっていきました。

マハームドラー的教えという事で（弟子を試す）思考停止や自分の心が穢れているという方向に目を向けさせ、麻原への依存心を強めていったことが危険性を増していった気がします（シャクティーパットやイニシエーション、マハームドラーなどの教えで、麻原の力なしには解脱ができず透明になって麻原のコピーとなることをすることが解脱への早道と教え込まれる）。

とりあえず、今回はこの辺りで。下血が日々、ひどくなって止まらなくなってきているので、後1〜2日で動けなくなりそうで怖いです。また安静にして戻ってきましたら……お許し下さい。合掌10・8

マインドコントロールの問題

2018年10月22日

美しく快適で楽しみ多い季節ですが、その後も元気でお過ごしでしょうか？　体調を崩されたりしてませんか？　くれぐれも身体に気をつけてくださいね。

今回は、少しマインドコントロールの問題について書いておきたいと思います。

というのは、友（筆者）に何度か話した事があるように、僕たち信者が教祖から一方的にマインドコントロールを受けていたという1つの解釈は、少し違っているわけですが、やはり教団の閉鎖された空間やリトリート（「隠遁」の意味）は、自己暗示を強めて行き、自分で、マインドコントロールされやすい心の状態を作っていってしまうシステム等々、様々な危険性があると思うからです。

実際、マインドコントロールは殆ど解け、教祖への信仰心が完全になくなったと思っている僕ですが、今でもたまにリトリートのトラウマが蘇る夢を見ます。

たとえば死刑囚達の執行が近くなっている事を感じ「彼らは、死についてどのように受け止めているのだろう……。」等々を考えた日の夜、真夏のコンテナに入れられ4日の断水断食をさせられた時の事を夢見て自分の死を感じて恐怖してしまいました。

1畳ほどの真っ暗なリトリートで昼は50℃近くまで気温が上昇しますし、通常のリトリートのように食事で時間を確認することもできないので「今は何日目で何時頃だろう？　あとどのくらいで出してもらえるのだろう？」という時間がわからないことで、この苦しみが永久に続くのでは？　本当に4日で出してもらえるのだろうか？　このまま餓死させられるのではないか？　という恐怖が蘇ることがあるのです。

それと竹刀で100発叩かれた時のことと、LSDのイニシエーションの時、はじめからエビ反りに手首と足首を縛られた（暴れないように）ことで麻原と村井に逆らうと地獄に落とされて苦しむような体験をさせられてしまうかもしれない。その3つがトラウマとして夢に出てくる事があるのです。

このことから、やはり教団の出家制度による閉鎖性とリトリートという洗脳システムについては、もっと理解して頂きたいと思いました。

教義の中に現代は3S（スクリーン・スポーツ・セックス）等の悪い情報に洗脳されていて、サブリミナル等、煩悩による洗脳から脱却するために、真理に洗脳されるように教団の教学システムをリトリート等で繰り返し学び、全てをグルに明け渡すことが大切だと説かれ、自分から積極的にグルや教団の教えに完全にマインドコントロールされるように思考停止して自己暗示をかけていたのです。

1994年以降は、薬物と催眠術の完全なシステム化（I君を中心とした）で、信仰心のない人でも教団に連れ込めば洗脳してしまうシステムが確立したので、一般のマインドコントロールの恐怖の理解のように教祖と教団に自分の意志ではなく洗脳されてしまうパターンが生じるようになっていたと思いますが、それまでは、閉鎖空間という環境と教義によって自分でグルへの幻想を大きくしていき進んでマインドコントロールされるように自己暗示をかけていたという問題があるのです。

初期の出家者は特に似た宗教本やSF本を読んだり遍歴したりしてました。ハルマゲドンやフリーメーソンの3Sによる世界支配的な共同幻想をもっていて神秘体験に対する幻想や憧れ、そして終末に対する恐怖と世界を救済したいという願望をもっていましたから。

仏教では「中道」を大切にしますが、この中道的なバランスや調和を失い、ひとつの極に偏ると問題が引き起こされやすくなると思うのですが、教団の出家制度は、サティアンという閉ざされた空間に隔離され外部情報を一切シャットアウトした状況で修行することで、どこか不自然さが生まれやすくなっていった気がします。

例えばタイやミャンマー・ラオスの出家者は、托鉢することで村人とも密に繋がり精気あふれる生々しい自然の中を歩くことで鳥獣や虫たちの奏でる調べに包まれながら、わが身の修行を振り返ったりできるようですが、僕自身、富士山の自然や美しい季節を感じた記憶もなく虫や鳥の声に耳を澄ませたこともなかったなぁ～（出張で全国を回った経験を思い出すときも〝あんなにいろいろな所に行ったのに僕は何を見ていたんだろう？〟）と逮捕後によく思いました。自然な感受性を失っていたことにきづかされました。常に耳には説法や暗示的な瞑想テープをつけて歩いたり車で移動したりしていました。眉間や地面に集中して歩いていたので、外のことは何も聴かず見ないで生活していたわけです。

またそういった外部との調和やバランスもさることながら内面的にも、自らの世俗的な部分と聖なる部分との間のバランスや調和も失われていたので、内面的な葛藤やシャドウの問題が生じていたようにも思います。

すなわち自己イメージ・自己の幻想と対立するものは、無意識に抑圧され自分自身を恐れ否定し嫌悪・攻撃するか外に向かって世間を恐れ否定し嫌悪・攻撃することになってしまった面もあるのではないか？　と思います。

また教団の修行は〝集中〟による神秘体験に偏っていて「観」の修行の要素が薄かったことも問題を引き起こした一因になっているように思います。

観察のほうが修行の基盤にあり智慧を育てる（自己観察によって）ような実践があれば懐疑も生まれて「善」に対する正しい理解から、盲目的な信仰に陥ることが防がれたような気がしています。

重要視されなかった翻訳本

昔カール・リンポチェ師が来日された後、カギュ派（チベット仏教の四大宗派の一つ。

依についてはマルパ）のいくつかの本を勧められ『グル・パンチャーシカ』というグルへの帰依について説かれた本が翻訳され配られたことがあります。

実際にその本が教団で重要視されたことはありませんでしたし、麻原が説法でそれを使ったこともなかったので、ほとんどの信者に読まれることはなかったのですが、それを逮捕されて改めて読んでみると、そこにはグルの条件や弟子の条件が書かれており、グルは弟子を弟子はグルを3年間かけて良く調べた上で正式な師弟関係を結ぶことが大切で、結んだ後は疑念をもたないで、そこに書かれているような帰依の実践をすることが大切であるということが書いてありました。

この本をもらった時の事を思い出してみると、せっかくもらった本ですし興味はあったので読んだのですが、グルへの条件については、そこにある力を実際に教祖が持っているかわからないものが半分以上で、グルに「こういう事ができますか？」と聞く事も恐れ多くてできなかったので「こういう本を配ったぐらいだから教祖は、このグルの資格を全て備えている自信があるのだろうから、僕たちは、ここに書かれている弟子の条件を備えることができるように努力し、早く完全に帰依を身につけなければならないな……。」と思った事を思い出しました。

つまり、ここでも本当なら、この内容に従って麻原がグルの資格を本当に備えているか3年かけてでも改めてよく観察した上で帰依について考える事が大切だったのに「よくわからないけど教祖は、ここに書かれている条件を全て備えた上で完全なグルなんだ！」という妄想を作り上げた上で、自分の帰依の足りない所を見てしまう思考しかなく、結局、思考停止と妄想だけで「観」を見失っていたのです。

麻原に対する怒りの放棄

2018年11月3日

先日は、本の差し入れや面会本当にありがとう。友（筆者）の元気でエネルギッシュな姿を見て嬉しかったです。友（筆者）の親身な心遣いに感謝の気持ちで一杯です。本当にありがとうございます。少しでも再発防止の為の内容に手紙の行を使うため、前略のみの挨拶から本文に入りますが、どうぞご了承下さい。

これについての心情は、面会でも触れましたが1つ言い忘れていたことがあります。彼（麻原）に対して幻滅し信仰を失った時に気をつけないといけないと思った事があります。それは強い愛着と同様に、その反対である強い怒りや嫌悪といった感情を持ち続けていると、その感情の強さのために、彼との縁を、その感情によって強めてしまい、再度彼と共に転生してしまう原因をつくってしまうという仏典の教訓を思い出したのです。

今回の過ちに気づいた事で、彼との縁を永遠に切りたいわけですから当然怒りの感情を放棄（手放す）することが大切であると思いました。

元々怒りは、自分の責任を他人に転嫁する心の働きでもあることに気づいたので、自分の罪・間違いを見つめ直す意味でも、それら怒りを手放して「信仰について」「自分と教祖の関係について」見つめ直していく必要があると思ったのです。

彼が気が狂っているのではないか？　と感じ始めたのは、彼がいろんな弟子に証人として呼ばれた時の発言内容を新聞や証書で読んだぐらいからです。

それを強く感じたのは自分が彼の証人として呼ばれて証言したときの彼の様子を見た時からだと思います。１度みただけだと、もしかしたら、また幻想で上書きされてしまったかもしれませんが、何回か呼ばれたので２度、３度目は、もう少しブツブツ言っている内容を聞いたり見たりして観察する事ができました。

その度ごとに「やっぱり本当に狂ってしまったのかな～」という気持ちが強くなって悲しい気持ちになったのを覚えています。

しかし確か、その時はまだ１９９９年の少し前だったので、その疑念は、とりあえず保留にして１９９９年の予言がどうなるか確認してから改めて判断していこうと思った気がします。ここでもやはりハルマゲドンの幻想・予言の幻想というものが正しい思考をしていく邪魔をしていました。

この辺の事は、東京拘置所にいた頃なら証書や教団の本や手記（他の弟子たちの）傍聴記や自分の公判ノートを読み直して、時間の経過をハッキリさせながら、その時の自分の心の動きや働きを思い出して書けるのですが、今となっては手元に全く裁判等の資料や事件関係の本が持てず（刑務所内で禁止のため）公判ノートもないので正確な時期が思い出せないので記憶の時系列が曖昧になってもどかしく思います。

今の状況では、どうしても時系列がズレているかもしれませんし記憶も断片的になってしまうので申し訳なく思います。

それで信仰を失った弟子達の幻滅した発言や怒り・手記を書いた林郁夫や早川等の心情を感じながら自分の信仰についても見直していこうとはするのですが、やはり教団での生活の長さや愛着による生存欲を背景としたマインドコントロールと地獄やハルマゲドン、また教祖の力といったものを背景にした恐怖心によるマインドコントロールの影響・そして教団での思考の癖みたいなものの影響は大きくありました。

教祖に対する疑念が浮かぶと、すぐに思考停止して自分の汚れに転嫁して修行に励んだりしていました。とりあえず1999年がどうなるかみてから考えようと思っていました。……情けないですね。

父親との再会

ただ教団にいた頃と違うのは、父が毎月来てくれていたことです。教団の生活が全てだった心に少しずつ「家族との生活」という視点が表れるようになり、家族に申し訳ないという思いから、社会との繋がりにも意識が向かうようになっていきました。

そして、それと公判の中で、被害者の方々の話や、そのご家族の苦しみ・哀しみ・怒りを感じる証言を聞くことで、自分達の罪の大きさを肌で感じ「このような状況になっているのは、やはり教祖の主張していた救済は、全て間違っていて彼の言うポアや救済は全て幻想に過ぎず、僕たちは、ただ単に大きな悪業を積んでしまったのではないだろうか？」と悩むようになっていきました。

被害者の方々の調書

その頃それまでは、心が揺れてしまうので読みたくなかった（読む勇気が持てなかった）被害者の遺族の方々の調書を読むようになり亡くなった方々の人生や家族の方々の思いを知り、検死の写真などからも驚きとショックを受けました。

これは僕が誰かの証言に呼ばれた時に検事から「あなたは、どんな風に贖罪をしているのですか？　松本サリン事件で亡くなった方々の名前くらいは全て言えますか？」と問われて正確に答える事ができず贖罪として、その頃やっていた「ヴァジラサットヴァ（金剛菩薩）の瞑想」や断食など苦行は、単なるひとりよがりに過ぎず罪と向かい合っているとは言えない的に指摘された事も、その頃の僕の心に突き刺さって、ご遺族の方々の調書を読み直すキッカケとなりました。

昔、戦争やテロは被害者を単なる数字（死者○名といった）にしてしまうと言う内容を読んだ事がありますが、この事を思い出して自分も今まで死者○名・被害者○名という数字しかみることなく、罪と向きあうことから逃げていたんだと言う事もきづかされたのです。

また大変恥ずかしい事ですが、ご遺族の方々の調書自体は、その頃に弁護士から調書が届いた際に「読んでおくように」と言われたので読んでいたのですが、この時は、まだ信仰心の方が強く、グルを信じたいという思いが強かったので、亡くなった方々の人生について知ったときに「この方達は、どんなカルマがあったからポアされてしまったのだろう？」と被害者の方々の人生に過失や問題を見つけようと読んでしまっていて、なんとか救済という幻想を守り自分達の行為をなんとか正当化できないかと、あがいていた気がします。

林郁夫の手記にもありましたが、地下鉄サリン事件の実行者は、サリンを撒く際に地下鉄に乗り、その乗客を見ながら葛藤しつつサリンの袋に穴をあけているので、松本サリン事件とは違って死者や被害者は目の前に乗っていた乗客なので、よりリアルに、その方々の事を考え、その苦しみを感じ向きあう事ができたのではないかと思います。

また、それによってこれが救済だったのか？　それとも単に悪業を積んでしまったのだろうか悩んだでしょう。

そして当然彼らも救済だったと思っていたかったと思うのですが、それが教祖の責任を弟子に転嫁して自分だけ逃れようとする発言を聞いて幻滅し「教祖にポアする力も弟子のカルマを引き受ける力もなかったのだ。」と考えるようになったのでしょう。

彼らも、もし教祖が「これは全て私の責任でありポアし救済する為に必要な行為だったんだ」等主張し「弟子達のカルマは、全て私が引き受ける」とでも言っていれば、なかなかマインドコントロールは解けなかった気がします。それともう1つ思うのは、早川の方法で彼は手記や手紙の中で「グルへの信仰なしに教団の瞑想ではない方法で瞑想してみたら以前と同じ甘露等の神秘体験が変わらずできたのでグルへの帰依がないと修行がすすまないというような神秘体験＝グルの力という思考（マインドコントロール的呪縛や依存）から解放されたというのがあるのですが、僕は、ここでもつまずいてしまいました。

それは上記のようなプロセスで、僕は、少しでも教祖に疑念を持ち始めグルを裏切って地獄に落ちるのも恐い。

だけど自分が救済だと思っておこなっていたことが全て悪業でしかなかったと結論して、その罪と向きあうのも恐い。

まずはグルの批判は保留にして、どちらにしても自分の汚れや罪が、このような状況を生みだして被害者の方々や、その遺族の方々に苦しみを与えてしまった。そして、それは間違いないのだから、とにかく自分の悪業を浄化することを考えて修行に励もうとしていました。

そしてその時に「グルをシヴァ大神として観想していれば、もし仮にグルが間違っていたら、シヴァ大神自身が、グルのイメージを通して間違いを正して下さるだろう（グルのイメージはグル自体でなく単なるイメージなので、グルをイメージしても、そのグルのイメージが真剣にシヴァ大神そのものに変わって正しかったか間違っていたか、どうすれば良いか教えてくださるだろうというような幻想を持って瞑想をしていました)。この時の実際は、ヴァジラサットヴァの瞑想をしていたので、シヴァ大神というより本物のヴァジラサットヴァが現れて罪が浄化された時に教えて下さる事を期待して断食など苦行も加えながら瞑想に励んでいたのです。

それで本当に独りよがりだったと思いますが、チベット仏教などで罪を浄化するために行われている修行でブッダの身体を作ろうとしていました。

当然、物理的に神秘体験も起きるのですが、この体験にしがみついて信仰心を守ろうとあがいていたわけです。

ハルマゲドンと予言

それと悪かったのは、逮捕されてから早いうちに教祖に疑念を持って辞めた人達は教団からの私選(弁護人)を断り最初から国選弁護士を選任していたので教祖に弁護士を通して質問したり破防法の弁明前後に彼が教団に送ったメッセージや修行状況など知ることなく決別できていたようです。

破防法の弁明では、けっこうまともな弁明をしていましたし自分の修行も順調に進んでいて体験をしているなどの話などもありました。彼は8年で化身を完成できるなど書かれていましたので信じて待ちたいという気持ちもあったように思います。

8年後というと2003年でハルマゲドンの1999年は過ぎてしまうのですが、2003年のハルマゲドン後の世界に化身が飛んだ時の体験を話した予言もあるので、最後の時期は2003年まで待ちたいという気持ちがあったと思います。

そして多分、同様の思いを持っていた他の被告人の発言や公判での宣言を聞くことで教祖の事を安易に疑って地獄に落ちたくないというような思いもありました。

早く教祖と決別した人達は全て自分より後輩で教祖との関係も遠い人でした。やはり最も長く教団の思考に染まり弟子の中で最も多くマハームドラーをかけられた経験がマインドコントロールをより深くから根付かせて自分の心を呪縛していたようで可能な限り全ての現実をマハームドラー的な「試練」と受け止めて自分が理解できないものは、自分の心が汚れているためだと自分を責めてグルへの信仰が揺れないように思考停止してしまっていました。自分を浄化すれば三世《さんぜ》の全てを見通しているグル（神）の視点から真実を理解できるようになるはずだという思考からなかなか抜け出せずにいました。

他の宗教書を読むときもグルのふるまいの良い解釈ができる内容を探していたので

す。例えばチベットの狂った振る舞いやシヴァ派の修行者の狂ったふるまいをしたり批判されるなどでカルマを落とし力を蓄えるというような教えで「グルが狂ったのでは？」という噂を聞いたときも疑念を払拭するようにしていたのです。

高僧と権威

また公判前に決別できていたら有期刑で済んだ可能性もあったわけですが、その頃の僕にとっては死刑より地獄に落ちるほうが恐いぐらいで、現実はマーヤ（幻影）であると思うようにしていました。そうしたこともあり、現実よりも神秘体験・地獄などの世界観、ハルマゲドンなどの幻想のほうがリアルに感じていたのです。

それと、元信者Nさん問題にも関係することなのですが、チベット密教に対する強い幻想と権威的な影響も大きかった気がします。

初めて僕がダラムサラに行った時は、教祖と、まだ宗教に反対で教団とも関係を持っていなかった奥さんと子どもと新実、そしてツアーコンダクターの信者で飛行機もエコノミークラスでホテルではなく、ダライラマ法王のお姉さんが世話してくれたゲストハウスに泊まり、個人宅で話を聞くことができました。他の高僧とも会って話を聞くことができました。その時の法王の印象は、どちらかというと政治家だなと感じましたが、高僧の方との会談は素晴らしく、教祖の事を高く評価していたので一層帰依を深めました。

その旅行中は、体調を崩した（下痢と高熱）僕にシャクティーパットや車中や飛行機の中でも10時間以上横に座ってマントラを唱え続けてくれたり良い思い出もありました。

その後、教団に来られたダライラマの師の1人であるチベットの高僧なのだから、人を見る目も優れ神通力も備えているはずなので、彼の評価は間違いないはずだと思うようにしていましたし、その時通訳していた信者の信仰も同様だったのではないかと思います。

また他にもスリランカの高僧などからの評価の高さも、その思いを強めていきました。その時の教祖は、高僧から見ても素晴らしいはずだと思い彼らでさえも間違っていたならチベット密教では、智慧を磨けないということになるかもと考え、その権威にすがっていたのです。こういう権威を利用したマインドコントロールは、幻想を強めるので、結構やっかいだと思っています。

薬物のイニシエーション

薬物のイニシエーションの影響ですが通常の出家者は、LSDを1回受けただけの人が多く多めの人でも、その後に出来た「ルドラチャクリン」というLSDと覚醒剤をミックスしたイニシエーションを1回受けるぐらいだったのですが、僕は、LSDの最初の実験台として教祖の次に1回受け、その後全出家者に行った時に、もう1回受けていて、この2回目がロープでエビぞりに縛られて地獄の恐怖の体験をしてフラッシュバックなどでトラウマになってしまいました。

また、この時は、LSDを飲む前にハルマゲドンの恐怖や地獄の恐怖を根付かせるビデオ（恐怖とともに救済者としてのグルへの帰依を強める）を見て行うので、その内容がダイレクトに影響してしまうのです。特別な振動するマットや暗示を高める光のマスクもつけるのです。そして僕は、これらに加えてルドラチャクリンは、1月から仮谷さん事件まで3回も受けているのです。

この時は、逆にグルを観想して供養することで煩悩が次々と消えていったり、グルを観想することでシャンバラに連れて行ってもらって色々な神通力を身につける修行法を教えてもらったりetc……帰依によって自分がやっとマハームドラーを成就できたと思える体験ができた事に感動して終わった後、すぐに教祖に会いに行って、その体験を報告し、教祖の傍にいてワークができるように愛着から泣いて懇願してしまいました。

そして、その至福の体験は、薬が切れた後も1週間ぐらい再現できたので愛着的な方面でのマインドコントロールからの信仰を強めて行ってしまいました。

本当に情けなく恥ずかしい限りですが、こんな風に被害者の遺族の方々の声を聞き自分の罪の重さに怯え押しつぶされ消えてしまいたいような思いになりながらも信仰にしがみつき、なかなかマインドコントロールや呪縛から逃れることが出来なかったのです。

とはいえ少し話をしてきたようにステージが高い人は、神々やグルに守護されて死なないような幻想を村井の死が最初の小さな穴をあけてから、「信仰のダム」は、徐々に壊れ始めたのも事実です。父との面会や被害者の遺族の方々の証言を聞き、調書等を読みなおすようになり、グルの弟子に責任を押しつける発言や狂ったという噂から不規則発言の事を聞くようになり、それを実際自分で聞いて見ることで本当に狂ってしまったように感じるようになりました。
また側近にいた女性の発狂の話も聞き、その思いを強めつつ１９９９年になりました。

１９９９年以降

２０１８年11月18日

そしてハルマゲドンの予言が外れ、２００３年も何もありませんでした。８年で陽神が完成すると言っていた麻原は、完成するどころか出神に失敗して狂ってしまったんだなと確信するような情報が続々と集まる事で、僕の中にあった最も大きな幻想が崩れ、マインドコントロールの条件である「恐怖（グルやハルマゲドン）」から解放されはじめました。もちろん、そうすると自分の罪や、取り返しのつかない過ちと向きあう事になり、あまりの重さに恐怖するようになりました。そして、その罪悪感の中で「私の浅薄な対応が、取り返しのつかない悲劇を招いてしまったことが、とても恥ずかしく申し訳なく、人の生命を奪ったものに償いはないのだから、自分が呼吸し食べて眠り、生き続けている事自体が、被害者の方々や、その遺族の方々に対する冒瀆のような気がして生きていて良いのだろうか……。」と考えてしまうことが多くなりました。しかし、そんな中、僕が罪を償って出所することを祈って支えてくれる母や先生方、友（筆者）、友人達、先生方の存在は、本当に僕にとって生きる光でした。その温かい皆さんの心に支えられました。

本当に、ずっと支え続けてくださった皆には「ありがとう」の言葉だけで感謝の気持ちを表現しきれない気持ちでいっぱいでした。

そうした中、浅見（定雄）先生とのご縁でマインドコントロールと改めて向き合えるようになって気づかされました。クリシュナムルティの本を改めて読み直すことで信仰の間違いなどに気づき考えさせられました。また友（筆者）との縁ができ、チベット仏教の問題や良い面も改めて考えていく事ができました。

また友（筆者）の家族との縁で、世間との繋がりが増えた事も生きる支えとなったように思います。

そうした温かい皆さんの支えが、マインドコントロールの二大条件ともいえる「恐怖感と生存欲」というものを、良い方向に解放し、徐々にマインドコントロールから抜け、脱出していけたように思います。

もちろん罪悪感自体からは、抜け出すことができず、罪を犯した僕たちは、もっと苦しむべきだという思いが、病気の症状を悪化させ、皆に心配をかけてしまっています。この辺りは、なかなかままなりません。

マインドコントロールが解けるまでは人は皆、死刑囚のようなものだから、多少長生きするよりも死を間近に感じて修行するほうが死念がより確立する。不放逸な修行ができるだろう。贖罪したりする事を考えて死んだほうが被害者の方々や遺族の方々の為になる、死刑判決を受けて執行まで罪を浄化する為に苦行と贖罪に励むほうがよいのではないか？　無期懲役だと、そういう時間が持ちづらくなるのではないか？　などと考えたりしていました。

それで今までの手紙で書いたように、最初は、拘置所で金剛菩薩の瞑想や苦行をしたり、独りよがりの贖罪をしてしまった事を書きましたが、その後、検事の方から、被害者の方々の名前すら完全に覚えていなかった事を指摘され、被害者の遺族の方々の調書を読み直しました。その後、そのような修行をやめて被害者の方々の人生を思い浮かべたり、遺族の方々の無念さや怒り、悲しみに思いを巡らせながら「○○さん、○○さんのご遺族の方々、本当に申し訳ありませんでした。」と名前を呼びかけながら謝罪と祈りをするようになりました。

刑務所に移って最初の頃は、仕事や雑居という新しい生活や人間関係に追われたり、病気の悪化もあり、流された時間について反省しています。もっと心を強くもって決められたスケジュールの中で時間を決めて贖罪の祈りをする習慣をしっかり確立する必要があると反省するばかりです。

雑居（房）で腰痛で動けない人や（の代わりに）トイレ掃除をしたり、今は、高齢者の方々が多い工場で、介護等について考えさせられることが多いので、償いの機会だと思うようになりました。富田（隆）君などは、どうしてるのだろう。

そして、河野（義行氏。松本サリン事件の被害者）様の奥様が被害に遭われ重症で、ご家族の介護を受けられていた事など、重労働で本当に大変な思いをされた事も気づかされました。また自分の病気で逆に介護を受けて心配をかけてしまわないようにと感じています。今は、こうした中で、償いの日々を考えていきたいと思っています。

（深謝）

2018年12月17日

先日は、面会で直接「おめでとう」と祝う事が出来て幸いでした。

友の元気な笑顔を沢山みてパワーをもらえたので死刑執行など悲しいニュースの1年でもありましたが、最後は温かい気持ちになれました。本当に感謝です。

面会の際に聞かれた「バクティーヨーガ」について少し書いておきたいと思います。

これは「マハームドラー」と同じぐらい教団にとって重要なポイントで事件の背景になっていると思っています。

バクティーヨーガとは「献身」のヨーガで初期の頃は、バクティーヨーガとカルマヨーガ（仕事・あるいは行為のヨーガ）が精神的な修行及び生活全ての中心となっていました。

在家信者も肉体的なヨーガ行法と共に「バクティー」と呼ばれる奉仕活動で徳を積む事でグルからのエネルギーが入ってきて自分の意志でなくグルの意志を考えて奉仕活動や生活をしてエゴを滅することで解脱・悟りが早くなると言われていました。

日本人は、滅私奉公的な道徳美学を持っている人が多い（特に宗教に入るような人は）ので古い武士道的な美学を持っている出家者や道徳教育を受けて奉仕活動がベースにあった僕なんかは、このバクティーの実践は、解脱・悟りという結果がもたらされる可能性が感じられる分、より心に浸透する考え方でした。

それでこの大きな問題なのですが、もともとバクティーヨーガやカルマヨーガは「バガヴァッド・ギータ」というインドの経典が主要な経典になっていて、この内容の中心は、アルジュナという主人公が親族を敵として戦うことに躊躇して悩んでいる時、友人であるヴィシュヌ神の化身であるクリシュナが「ヴィシュヌ神」としての自分の姿を見せてバクティーやカルマヨーガについてアルジュナに説き「勇気を出して戦え！」的な事を言うわけです。

この戦いの殺人は「ポア」に似ていて戦って死んだ人は、敵も味方も天界に生まれ変わるんだというように書かれているのです。これが教団の「戦う真理の戦士」のベースにもなっていたわけです。

それと、もう1つバクティーは「自分の意志（エゴ）」でなく「グルの意志」を考える事で自分のエゴが消滅していき、空っぽになれば、そこにグルのエネルギーが注がれて「グルのコピー」になる事が可能となり解脱するというマハームドラー（試練・大いなる空性）のベースにもなった考えです。

加えて「自分の喜びはエゴ」なので「グルの喜び」を考えれば、エゴのない純粋な喜びを経験できるというようにも言われていました。

そしてこの「グルの喜び」を考えて行動するという考えが、グル（麻原）の喜びそうな情報を（フリーメーソンの陰謀論や他宗教団体の批判など）側近が話す事に繋がっていき、村井などのイエスマン達を作り出し、その結果「グル（麻原）」の誇大妄想や被害妄想を肥大化させてしまった一面になったような気がしています。

これは多くの宗教でもありえるパターンなので気を付ける必要があると思います。

特に麻原は目が悪かった事もあり自分ではテレビを観たり本や新聞を読むことがなく（教団ができるまでは、それなりに読んでいたようですが）情報は全て弟子から聞くだけだったので、ある意味、側近の情報が全てだったので、それに誘導されてしまう面もあったと思います。その点に側近達の大きな責任を感じています。

僕が教団に居た頃も、そのような側近などの情報を聞いて麻原が指示を出すのを聞いてイヤな気分になったり問題を感じたりしていました。

そういう意味でグルの指示に疑問を感じたり富田事件や松本サリン事件・仮谷さん事件などで「グルの神通力」に疑問をもってしまいました。

僕が、疑問を感じたときは、側近の情報の上げ方が悪いと批判の矛先を彼らに向ける事で「グル麻原の全能性」への疑念を思考停止していたのです。

それとポアという言葉ですが、これは多くの弟子が『虹の階梯』(ラマ・ケツン・サンポ・中沢新一共著)を読んでいて、そのことを麻原もよく知っていたことから、ポアの(意識の移し替え)という意味合いを弟子の方から殺人を含めた隠語として「ポア」という言葉を使い始めたのです。隠語の多くは、弟子の中で流行したのを麻原が知って使いだしたパターンのほうが意外に多いのです。

呪殺や度脱(済度)・ドルという正確な言葉は知らない弟子が多く、逆に使い辛かったです。

それとマハームドラーの件ですが、よく非合法活動をしなければいけなくなった時に用いたのがミラレーパ(カギュ派の開祖マルパの弟子)の伝記です。

内容は、ミラレーパがマルパからイニシエーション（通過儀礼）を受けなければならなくて、マルパの一番弟子であるゴクパのところにイニシエーションを受ける為に行った時（マルパの妻がニセの手紙を書いて持たせることで）ラマ・ゴクパは、自分の弟子達が来る時、その途中の村々の悪人達が、我らの食料を盗むので魔術で雹《ひょう》の嵐を起こして彼ら全てに打撃を与えたらイニシエーションを教えて伝授をするとミラレーパに言ったのです。

それを聞いてミラレーパは、「私は、悪行をなすように定められているのだ。雹の嵐を起こして害を為す行為にふけることによってしか聖なる教えを受けることができないのだ。雹を降らせないとラマの命令に背くことになり教えを受けることができない、やるしかない。」

というように考え「これからやることは犯罪だ。」と呟きつつ村人を脅迫して、その後、それによって死んだ小鳥や羊を集めてラマ・ゴクパに会いに行ったのです。

ミラレーパは「ラマ・リンポチェ、私は聖なる信仰を求めて、ここに来ましたが、実際には罪を犯しただけでした。とてつもない罪人である私を哀れんで下さい。」と言って泣くわけですが、ラマは「私の秘密の詞章を知っており、その詞章によって、とてつもない罪人も瞬間的に解脱の状態に達する事ができるのだ」と言って、指を鳴らして死体を蘇らせたのです。

……と言う事で、ページが尽きてしまいました。では、よいお年を！　深謝。

死後の世界への幻想

２０１９年１月23日

寒中お見舞い申し上げます。暖冬とはいえ1年で一番寒い頃となりました。

インフルエンザが流行していますが、その後元気でお過ごしでしょうか？

先日は、面会にきてくださりありがとうございます。

少し早い寒桜の花を持ってきてくれたので、その気持ちがとても嬉しく春のような暖かさを感じました。心より深く感謝いたします。ありがとう。

それで面会で弟子の（側近の）責任についての話になりましたが、弟子達がそうなっていった一因を考えると、やはり初期の頃から麻原に「常にグルの意思とは何か？　シヴァ神の意思とは何か？」を考える事が最も大切なバクティー（奉仕）ヨーガだと言われ続けていたので、それが悪い方向に働いてしまった面も大きいと改めて思いました。

また面会で話した「甦り」について少し補足しておきたいと思います。

何度か手紙で書いたように私たちが事件を起こしてしまった原因に幻想の問題があります。

イスラムのテロなんかの背景にも天国という幻想と現実の生活の苦しみというものがあるように思いますが、私たちも神秘体験や死後の世界の幻想というもののほうが修行をするにつれてよりリアルになり、逆に仏教では「この世は一切は皆苦である」ということやヨーガでもマーヤ（幻）であると説かれているように、現実の生活の方のリアルさが希薄になっていきました。

そしてキリスト教のような「甦り」より良い転生をするほうが大切だという（短い人間の一生より長い天界や地獄の寿命を考えて）仏教的な思考があり肉体的救済より、魂の救済のほうが大切だという考え方をしていたことも、悪い方向に働いてしまったと思うのです。

一応、病苦からの救済とか現世での幸福というのも「3つの救済」として在家信者を獲得するためにアピールしていました。また教祖には、病気を治す力はあると思っていました。しかしミラレーパの伝記のような「甦り」の力を見せることに意味はなく、それより、より良い転生をさせてあげるほうが幸せだと思っていました。麻原は、シャクティーパットで肉体を痛めている為、もし「甦らせる事」ができても、そこで無理するより魂を救済するポアを一人でも多くするほうが大切だと思っていたのです。

しかしサリン事件のような不特定多数の方々が対象となった時でも、教祖にはポアする力があるのだろうか？　目の前にいる人（葬式のように）をポアする力がある事は、一度も疑った事がありませんでした。

しかし松本サリン事件の後は、やはりどうやって亡くなられた方の事を認識するのだろうか？　ということや、本当にこんな多くの人を一度にポアする力があるのだろうか？　と疑問に感じたことがあります。

この疑問は、Tや悟とかも悩んでいたようです。勿論、そういう疑いが浮かんだら思考停止して、自分の汚れがこういう疑いを生んでいるのだと思い、もっと帰依の心を培う必要があると考えるようにしたり、ハルマゲドンが起きたら世界の人口が三分の一から四分の一になるとされていたので、そのくらいの力があるのが「救世主」なんだから、それに比べれば……天眼で全てを見通されているのだろう……というように思うようにしていたのです。

やはり、こういう個々の幻想と共同幻想は多くの問題を作り出していたように思います。

話は、変わりますが面会の翌日は阪神大震災が起きた日でしたが、今年は震災から24年ということで追悼の式典があったようなので参加されたのでしょうか？　ふと24年前と言えば丁度干支が二回りですから、震災も地下鉄サリン事件も自分の逮捕も猪年だった。

自分の逮捕からもう24年が過ぎた事や、ここに来たのも12年前の猪年だった事を知りました。

では、また。２０１９年1月23日

おわりに
彼らの存在とは私にとって何だったのか

「オウム死刑囚　移送」

そのニュースを聞いてから、一年が経とうとしている。

その間、私たち家族の一員であった愛犬の死を皮切りに、死刑囚の死、また恩師の死など、立て続けに多くの別れに見舞われた。

そして去る２０１９年2月３日、節分の夜11時半過ぎ、実家の母が亡くなったと知らせがあった。

節によって暦を区切るなら立春は一年のはじまりにあたり、その前日の節分は大晦日にあたる。私にとって、昨年の立春からこの節分までの一年は、涙が乾かぬうちにまた涙する、時代の節目を感じずにはいられない日々となった。

その一年の終わりに母の訃報を聞いて……私の家庭環境は、本文中で言及したように決して理想的ではなかったが、「してもらえなかったこと」や「されたこと」より、「してあげられなかったこと」や「できなかったこと」の哀しみをはるかに深く感じた。

「彼ら」との交流が長年に渡り続いてきた理由には、「教団のおかしさに気づきながらも、事件を止めることができなかった」という彼らの思いへの、共感があるように思う。

彼らとの出会いは「人生の行きがかり上」のものであり、それ以上に「流れ」としか言えないものだった。

もちろん彼らとの出会いに限らず、人との縁は流れのなかで生じるものだろう。しかしその上で、彼らとの出会いそして交流を振り返ると、私がサポートしてきた「真摯な謝罪」や「人を苦しめた贖罪」とは、私にとって自分自身の事件の加害者から「してもらえなかったこと」でもあることに改めて気がつく。

『諸法無我（全ては繋がりの中で変化している）』という釈尊の言葉がある。彼らの素顔や、心から反省・悔悟する姿を目の当たりにし、そんな彼らに寄り添うことは、私にとっても自分自身の苦しかった過去を手放すことに繋がっていった。

そう考えると彼らと私とは、異なる立場で互いを補完する関係であったのかもしれない。

２０１９年2月26日。私は初めて宮城刑務所・仙台拘置支所を訪れた。林泰男死刑囚が移送され、刑を執行された場所だ。その日の気候は2月の東北にしては暖かく、気持ちが柔らぐような陽射しに映える拘置所の前に小一時間いただろうか。

林泰男と面会するために初めて東京拘置所を訪れたあの日から、15年が経った。今年、仙台拘置支所で私を出迎えてくれたのは林泰男ではなく、暖かい陽射しだった。もはや何ができるわけではない。それを知りながら私は、彼が最期の時を過ごした仙台拘置支所に向けて哀悼の祈りを捧げに行かずにはいられなかった。

「オウム真理教家族の会」(旧「オウム真理教被害者の会」)の会長である永岡弘行さん達が元死刑囚達に向け、〝生きて罪を償うよう、事件の再発防止に貢献するように〟と呼びかけてこられたことを、私は死刑囚の移送後に初めて知った。

永岡さんが「オウム真理教被害者の会」を立ち上げたのは1989年のことだ。息子さんを脱会させた後、1995年の「オウム真理教被害者の会会長VX襲撃事件」でVXガスを浴びせられ、生死を彷徨い、今も後遺症から通院を続けられている。自身も被害に遭ったにも関わらず、死刑囚達に再発防止への貢献を呼びかけてこられた永岡さんの姿に、私は胸が痛くなった。

彼らの名前を見るだけで嫌な気持ちになる被害者の遺族の方々がおられるかもしれない。しかし中村君は「死刑囚」にこそならなかったが、教団の初期を知る人物だ。だからこそ、あのような悲惨な事件の再発防止の一助となるためにも中村君にしか語れない何かがあるはずなのだ。永岡さんの姿を見ていると、私自身も沈黙を続けることが心苦しくなっていった。

それから、縁あって永岡さんにお目にかかることができた。

永岡さんからは、多くの信者が事件化されずに亡くなっていることや、「絶対帰依」を誓う証として信者が自傷行為をしていたことなど、教団内部の悲惨な話をうかがった。

「彼らのほとんどは、真面目な人なんです。ただ、一点しか見ず、視野狭窄になりやすいことが、彼らの特徴です」

という永岡さんから直接うかがった言葉が印象に残っている。

しかし永岡さんの願いは、届くことはなかった。

「生きる気力を失った」

死刑執行の後、永岡さんの落胆の声を電話口で聞いて、私は涙が出そうになった。死刑囚の中には、旧「オウム真理教被害者の会」で活動していた親の息子もいた。

「加害者」がいくら語っても、被害に遭われ亡くなった方々は生き返らない。遺族の方々の悲しみが晴れるわけでも、後遺症を負った方々が回復されるわけでもない。

だからこそ、私からの提案に応えてくれた中村君は、相当な覚悟をもって語る決意をしたのだと思う。

「これからの若者のために」と、血を流す思いで懸命に協力してくれる中村君の姿を見て、私自身も自分の過去を語ることから逃げられない気持ちになった。

彼らを間近で見てきた世代として、せめて次世代、次々世代においては、こんな悲惨な事件が起きてしまう前に思いとどまってほしいという切なる願いからである。

彼らの大きな後悔は、「おかしい」と感じた時に、「自分の感受性」を見過ごしてしまったことであった。移ろいゆく四季折々の自然から切り離され、気がつけば自らの感受性を見失っていた当時の彼らに、この世界はどう映っていたのだろうか。

かつて「オウムに行った若者」だった中村君が、「世間」に戻って来られる日がいつになるのかは、わからない。しかし、「絶対」ではなく「わからない」からこそ、そこには無限の可能性があり、その先に希望の光があるのだと、私は信じている。

本書は、多くの人達にご協力をいただき、出版するに至りました。
今回初めて本を書いた私に対して、深いご理解と温かい励ましをいただきましたKKベストセラーズ書籍編集部　鈴木康成編集長に、まず始めに感謝と御礼を申しあげます。
そして、ずっと尊敬してきた宮台真司先生には畏れ多くも本書の解説と帯の推薦文を書いていただきました。心から深く感謝申しあげます。
また、校閲・校正をしてくださった甲斐荘秀生様、カバー装画にご協力いただいた後藤温子様、素敵な装幀に仕上げてくださった木庭貴信様と岩元萌様をはじめ、それぞれの分野で本書の制作にご助力いただきました全ての方々に御礼を申しあげます。

本書の趣旨にご賛同いただき、執筆にご協力いただきました、宗教家・教育者の伊福部高史さん、大変お世話になりました。

長きに渡り、死刑囚との面会の同席やセカンドオピニオンなど、折に触れ支えてくださった、第59期司法修習生　大阪弁護士会　坂和宏展弁護士、そして上告審から林泰男の弁護人を受任してくださった、第52期司法修習生　故　和智薫弁護士に、厚く御礼を申しあげます。

そして、様々なお話を聞かせてくださり、本書を執筆する決心をさせてくださった、「オウム真理教家族の会」（旧「オウム真理教被害者の会」）会長の永岡弘行氏に心からの感謝と御礼を述べさせてください。本当にありがとうございました。

最後になりますが、本書を手に取ってくださった皆さま、本当にありがとうございました。

中谷友香

解説
オントロジーを欠いた「愛と正しさ」が孕む、恐るべき危険

宮台真司

本書は、オウム裁判や報道がないがしろにしてきた、「事柄の真相」ならぬ「心の深層」に、深く分け入る第一級資料だ。読者は誰もが、自分の心を重ね合わせ、勧善懲悪に収まらないモヤモヤを体験し、言いようのない混乱に向き合うだろう。

世の中では「自分と向き合うこと」「心の中にある悪を見つめること」「エゴを捨てること」は善き営みだとされてきた。だがポイントは、これら「善き営み」が、一定の条件下で「似非グルのために働く殺人マシン」を育て上げた事実である。

その「一定の条件」はクリアに構造化された形で示されていないが、そのことで、逆に読者は自力での思考を迫られよう。

思考を重ねると、「一定の条件」は、麻原彰晃や教団幹部ら「が」作り上げたものでもない事実が、浮かび上がってくる。

そこには不幸な偶然が重なっているが、心の働きに関する無知がなければ悲劇が起こらなかったことだけは、確信できる。オウム事件の悲劇にもかかわらず克服されていない「無知」を超克するには、本書を手掛りに、自力で考える必要がある。

*

私の考えを言う。世界はそもそもどうなっているのかを存在論ontologyといい、存在論に向けた思考転換を存在論的転回と呼ぶ。そして、存在論を踏まえた思考や生き方を、昨今の哲学界隈はリアリズムrealism（実在論と訳されているが間違い）と呼んでいる。

私は、損得オンリーの自発性と区別して、愛と正しさに向かう力を内発性と呼び、内発性の欠落を「感情の劣化」だとしてきた。だが皮肉なことに、本書に登場する死刑や無期刑になった人々は、今どきの平均的な人々よりも「感情の劣化」を被っていない。

本書は、リアリズムを欠いたままの内発性では大量殺人さえも犯しかねない、という厳然たる事実を突きつけているのである。ontology（世界はそもそもどうなっているのか）を踏まえない思考は、愛と正しさに満ち溢れていても、危険だということだ。

しかし、「世界はそもそもどうなっているのか」という全体性に関わるヴィジョンは、原理的に未規定性を免れられない。「これさえ踏まえれば大丈夫」というトークンが原理的にない以上、グルや真理への依存を回避して、自力で思考する他ないのだ。

このように言うだけでは、しかし「自力で思考したつもり」を排除できず、そこに何よりも大きな困難があると感じる。だが、正しい問いを立てることが、与えられた問いに答えるよりも大切だ。本書があれば、私たちは正しい問いを立てることができる。

オウム年表

１９８４年2月	オウム　ヨーガ道場スタート
１９８５年10月	『月刊ムー』『トワイライトゾーン』（月刊誌）にて麻原の空中浮揚などの写真が掲載される。
１９８６年3月	「超能力秘密の開発法」出版
１９８６年4月	「オウム神仙の会」設立
１９８６年6月	丹沢の集中セミナーでシャクティーパット
１９８７年2月	インドのダラムサラにてダライラマ14世と会談
１９８８年3月	富士山総本部道場用地取得
１９８８年4月	富士山総本部道場設立スタート
１９８８年8月	道場完成式にチベットよりカール・リンポチェ来日・説法
１９８８年9月末	真島事件（事故死・遺体遺棄）を契機にヴァジラヤーナに入れというシヴァ神からの示唆だと麻原が言い出す
１９８９年2月	田口事件発生（教団最初の殺人事件）。真島事件の遺体遺棄を目撃した田口さんを殺害
１９８９年8月	東京都宗教法人の受理

社会の年表

１９８４年1月	「週刊文春」にて三浦和義のロス疑惑を追及する記事を掲載。この後、テレビ各局ワイドショーにて「ロス疑惑」報道。（音楽ヒットチャート1位「もしも明日が…。」わらべ）
１９８４年3月	江崎グリコ社長誘拐、3日後に無事発見
１９８４年10月	オーストラリアからコアラが6頭贈られ、日本初上陸
１９８５年3月	日本初のエイズ患者を認定。（１９８５音楽ヒットチャート1位「ジュリアに傷心」チェッカーズ）
１９８５年4月	日本電信電話公社（電電公社）を日本電信電話株式会社（ＮＴＴ）に民営化
１９８５年9月	「スーパーマリオブラザーズ」発売
１９８６年1月	スペースシャトルのチャレンジャー爆発事故。乗組員全員死亡。（音楽ヒットチャート1位「CHA-CHA-CHA」石井明美）
１９８６年4月	男女雇用機会均等法施行
１９８６年5月	英国チャールズ皇太子とダイアナ妃が来日
１９８７年2月	ＮＴＴ株上昇　財テクブーム。（音楽ヒットチャート1位「命くれない」瀬川瑛子）
１９８７年10月	ニューヨーク株式市場大暴落。世界同時株安。（ブラックマンデー）

1989年10月	「サンデー毎日」オウム批判キャンペーン開始 「オウム真理教被害者の会」設立 TBSが坂本弁護士の取材ビデオをオウムに見せる
1989年11月	坂本弁護士一家殺害事件
1990年1月	オウム「真理党」設立。衆議院選出馬表明
1990年4月末	石垣島セミナー
1990年10月	熊本県波野村国土法違反で強制捜査
1991年9月	『朝まで生テレビ』麻原出演
1991年10月	『とんねるず生でダラダラいかせて』麻原出演
1991年11月	東京大学・京都大学などで麻原講演会
1991年12月	『TVタックル』麻原とビートたけし対談
1992年2月	麻原一行がロシアへ。モスクワ大学・モスクワ工科大学で講演 ロシア要人と会談
1992年4月	モスクワ放送でオウムのラジオ番組スタート
1992年5月〜11月	スリランカ・ブータン・アフリカ・インドツアー
1993年2月	自動小銃（AK）大量製造計画

1987年11月	大韓航空機爆破事件
1988年1月	ソビエト連邦がゴルバチョフ書記長のもとペレストロイカ開始。（音楽ヒットチャート1位「パラダイス銀河」光GENJI）
1988年3月	東京都文京区に「東京ドーム」完成
1988年8月	イラン・イラク戦争停戦
1989年1月	昭和天皇崩御。皇太子明仁親王即位。昭和から平成に。（音楽ヒットチャート1位「Diamonds」プリンセスプリンセス）
1989年11月	ベルリンの壁崩壊
1989年12月	アメリカ・ソ連冷戦終結（マルタ会談）
1990年1月	第1回大学入試センター試験実施。（音楽ヒットチャート1位「おどるポンポコリン」B.B.クィーンズ）
1990年6月	礼宮文仁親王が川嶋紀子さんと御成婚。秋篠宮家創設。
1990年10月	バブル経済崩壊
1991年1月	多国籍軍のイラク空爆開始。湾岸戦争勃発。（音楽ヒットチャート1位「ラブストーリーは突然に」小田和正）
1991年4月	新東京都庁舎開庁
1991年7月	イトマン事件　河村元社長逮捕。

1993年5月	ロシアのオウム真理教キーレーン交響楽団来日公演
1993年6月	亀戸道場で炭疽菌異臭騒動
1993年6月	教団内で信者の越智さん逆さ吊りされ死亡。
1993年夏頃	麻原一行がオーストラリアに
1993年秋頃	池田大作殺害計画失敗
1993年秋頃	サリンプラント計画開始
1994年2月	落田さん殺害事件
1994年3月	LSD合成開始
1994年5月	LSD完成　男性信者らに人体実験
1994年5月	キリストイニシエーション開始
1994年5月	滝本太郎弁護士サリン襲撃事件
1994年6月	省庁制発足
1994年6月24日	松本サリン事件
1994年7月	富田さん殺害事件（スパイ容疑）
	中村徹さん温熱修行中に全身火傷で死亡
1994年9月	ジャーナリスト江川昭子ホスゲン暗殺未遂事件

1992年3月	東海道新幹線「のぞみ」運転開始。（音楽ヒットチャート1位「君がいるだけで」米米CLUB）
1992年9月	毛利衛さんスペースシャトル「エンデバー」搭乗。宇宙に出発。
1992年11月	風船おじさんがアメリカ大陸を目指して旅立つ。消息不明に。
1993年1月	女優オードリー・ヘップバーン、癌のため死去。（音楽ヒットチャート「YAH YAH YAH」CHAGE and ASKA）
1993年5月	マイクロソフトwindows3.1日本語版発売
1993年6月	皇太子徳仁親王が小和田雅子さんと御成婚
1994年6月	オウム真理教による松本サリン事件発生。（音楽ヒットチャート「innocent world」Mr. Children）
1994年7月	日本人初の女性宇宙飛行士向井千秋さん搭乗のスペースシャトル打ち上げ
1994年9月	関西国際空港開港
1994年10月	大江健三郎がノーベル文学賞受賞
1994年11月	セガインタープライゼス「セガサターン」発売
1994年12月	ソニー・コンピューターエンターテイメント「プレイステーション」発売
1995年1月	オウム真理教によってオウム真理教被害者の会（現：家族の会）永岡会長VX襲撃事件（音楽ヒットチャート1位「LOVE LOVE LOVE」DREAMS COME TRUE）

1994年10月	土谷によるチオペンタール（全身麻酔剤）合成成功
1994年10月	ルドラチャクリンイニシエーション（覚醒剤とLSD）
1994年12月	水野さんVX事件（逃走中の信者に）
1994年12月	元ダンサー信者の娘を拉致
1994年12月	大阪の信者VX殺害事件
1995年1月	家族の会（旧被害者の会）永岡会長VX事件
1995年2月	仮谷さん拉致事件
1995年3月18日	リムジン謀議 在家信者監禁容疑　大阪府警強制捜査
1995年3月19日	南青山東京総本部火炎瓶自作自演事件
1995年3月20日	地下鉄サリン事件
1995年5月5日	新宿駅青酸ガス自作自演事件 都庁爆弾小包事件
1995年5月16日	麻原逮捕
1995年7月9日	埼玉県にて中村昇・端本悟を逮捕
2006年9月6日	中村昇の無期懲役確定

1995年1月	阪神・淡路大震災発生
1995年3月	オウム真理教による地下鉄サリン事件発生。乗員・乗客13名死亡。負傷者数約6300人
1995年9月	フランスが南太平洋で核実験強行
1995年11月	マイクロソフトがWindows95 日本語版を発売
2006年	トリノオリンピック。ライブドアショック。悠仁親王誕生

装画　後藤温子
装幀　木庭貴信（オクターヴ）
岩元　萌

著者略歴

中谷友香（なかたに・ゆうか）

兵庫県出身。2000年、神戸大学卒業。大手塾講師・教員採用試験教育心理講師・教育カウンセラーを経て関西圏で個人セッション・ワークショップも開催。チベット・古代ヨーロッパ・シュメールなどの文化や文明にも関心が深い。趣味は、瞑想・占い（曾祖母が八卦見だった影響から幼少期より占いや精神的な事柄に興味を持つ）音楽・美術鑑賞・ファッションなど多岐にわたる。

幻《げん》想《そう》の√5《るーとご》

なぜ私《わたし》はオウム受《じゅ》刑《けい》者《しゃ》の身《み》元《もと》引《ひき》受《うけ》人《にん》になったのか

二〇一九年五月五日　初版第一刷発行

著　者　中《なか》谷《たに》友《ゆう》香《か》

発行者　塚原浩和

発行所　株式会社ベストセラーズ
東京都豊島区西池袋五‐二六‐一九
陸王西池袋ビル四階　〒一七一‐〇〇二一
［電話］〇三‐五九二六‐六二六二（編集）
［電話］〇三‐五九二六‐五三二二（営業）

印刷所　錦明印刷

製本所　積信堂

DTP　オノ・エーワン

Printed in Japan　ISBN978-4-584-13903-5　C0095